NIKKEI
BUNKO

日経文庫

ロジカル・ライティング

清水久三子

日本経済新聞出版社

はじめに

今、私たちがおかれている環境で、ビジネス文書にはどのようなことが求められているのでしょうか？

ビジネス文書を作成するにあたり、避けて通れないのがＩＴ（情報技術）の存在です。現代では、各種文書作成のアプリケーションや、ＩＴを駆使して得られる情報を使わずに、ビジネス文書を作成することはほとんどないでしょう。また、インターネットの登場で情報量が爆発的に増えており、私たちは情報洪水の中にいると言えます。

ＩＴ時代におけるビジネス文書の要件として、文書作成アプリケーションに振り回されずに、情報洪水に埋もれないわかりやすさが求められています。

では、わかりやすさに必要なものは何でしょうか？　私はそれを「論理性」だと考えています。文書がわかりにくくなる原因は、この論理性の欠如にあると言っても過言ではないでしょう。

本書で定義している論理的な文書とは、メッセージやストーリーが筋道立っていて、構成が構造的である文書です。反対に、論理的ではない文書とは、話が見えなかったり飛躍したり、構成に全体感や関連性が見えないものということになります。おそらく誰もが論理的な文書を作ろうと心がけているのにそうならないのは、ビジネス文書に必要な要件である筋道や構造を体系的に習得する機会がなかなかないことが原因でしょう。

本書ではビジネス文書を、相手への働きかけ方別に「共有」「報告」「依頼」「提案」の4つのタイプに分け、文書タイプごとに筋道や構造をどう考えるべきかを提示しています。具体的には、各文書タイプ別に、そもそも何が書かれていなくてはいけないのかという「要件」、そのための「準備」、それを相手に伝える「表現」について説明していきます。

中でも準備は重要です。準備では、どのような心がまえで文書を作成すべきかという「マインド」、文書作成に必要な情報を整理するための「フレームワーク」、フレームワークに盛り込むための「情報収集」の仕方を紹介しています。この準備をどれだけしっかりとやるかによって、そのあとの表現が活きてきます。

ビジネスで活用されるフレームワーク集も第4章の最後にまとめましたので、文書作成の参考としていただければと思います。

また、本書の前半では、すべての文書に共通する3つのステップを紹介します。まず、基本ステップ①として資料作成の「目的」を明らかにし、次に、ステップ②として「ターゲット」のことを知り、そして、ステップ③として伝えるべき「メッセージ」を作り込みます。これらは、PCから離れて、じっくりと考えるステップです。すべての文書作成の基本として、ぜひ実行してみることをおすすめします。

本書が、皆様の思いや志を伝える大切な文書の作成の一助となることを心から願っています。

2013年10月

清水久三子

目次

第6章 報告文書の書き方

第7章　依頼文書の書き方

第8章　説得文書の書き方

装丁　next door design（内山尚孝）

第1章

「わかりやすい」文書を作るには

毎日数百通のメールを受け取る上司にどう伝えるか

現代は、ITを抜きにビジネスやコミュニケーションを語ることはとても難しい時代です。ITにより、私たちのビジネスもライフスタイルも大きく変化しました。同様に、ITによるビジネスコミュニケーションに対するインパクトもとても大きなものです。ITによってビジネス文書のあり方がどのように変わったのかを考えてみましょう。考える切り口は、文書の量と質、表現の方法と速度という4つの観点です。

まず、文書の量ですが、みなさんは日々どれくらいの頻度で文書を作成していますか？毎日という方から、1週間に一度という方までさまざまでしょう。渾身の企画書や調査分析書だけがビジネス文書ではありません。日報のような短い活動報告や議事録もありますし、会議案内などメールで行われるものもあります。メールなども含めると、ほぼ毎日何らかの文書を作成しているのではないでしょうか。

次に、あなたの報告や提案を受ける人の立場になってみましょう。私は外資系IT企業でコンサルタント部門のリーダーや人材育成部門の部長をつとめていました。私の部下は30～50人くらいいましたが、報告を週に1回、直接、私にする人が3分の1としても、10人×50

回／年ですから、年に５００くらい何らかの文書を部下から受け取っており、受信するメールの数は日に数百通でした。これは私のケースですから、役職が上がればもっと多いでしょう。

さらに、業務関連のメッセージや情報に加え、新聞、雑誌、Ｗｅｂ、ＳＮＳ（ソーシャル・ネットワーキング・サービス）から受け取るものを含めたら、受け取る情報の数は優に数千になることが推察できます。事実、インターネット活用の浸透により、私たちが得られる情報量は、１９９６年から06年までの11年間で約５３２倍（「情報流通センサス報告書」総務省、２００８年）にまで増大しています。

これらの媒体からのメッセージは、一見すると業務と関係ないように思われますが、人間が記憶できる情報量が有限であるとするならば、我々が何らかの形で相手に何かを伝えたいと考える際にはライバルになります。相手がこのような状態にあると想像すると、自分の文書に目をとめてもらうのはとても難しくなってきています。

パソコンから一度離れよう

次に、ビジネス文書に求められる質を見てみましょう。ＩＴに限らずさまざまな分野で業務が高度化・複雑化し、ビジネス文書で扱われる内容は難解なものになってきています。アンテナを多方面に張っていても、専門用語、業界用語、企業用語の中で、日々新しいコンセプトやキーワードが生まれ、なかなか追いつけません。

自分では当たり前の言葉が、相手にとってはなじみがなく、意思疎通がしにくいことはめずらしくありません。本質を伝えるためには、相手がわかる言葉や表現を駆使して伝える必要があります。つまり、問題が高度化・複雑化すればするほど、相手の立場に立った伝え方を磨く必要があり、わかりやすい文書の作成はますます難しくなってきているのです。

使う言葉の意味を相手が理解できるよう定義し、わかりやすいストーリーを展開しなくては本質が伝えられません。内容の高度化に加え、伝え方も高度化する必要があるわけです。

３つ目の観点である表現の方法を見てみましょう。ビジネス文書を作成するツールとして、文書作成ソフト、プレゼンテーション用スライド作成ソフト、表計算ソフト、メール、ＳＮＳなど多彩で高度な機能を持ったアプリケーションが普及し、学生でも使いこなせるようになってきています。

これらの文書作成アプリケーションはコピー&ペーストがしやすく、人の作成したものを再利用した量産が可能になりました。その結果、ビジネス文書1部当たりのページ数も増える傾向にあります。特に日本のビジネスパーソンは、ページ数を価値や仕事の成果に換算する傾向があり、数十枚を超える企画書や報告書がめずらしくなくなりました。

これらのアプリケーションによって、一見それらしい資料がすぐに作れることが、メッセージや情報を本質的に考えることを阻害する一因になっている面があります。先人の知恵を活用するのはすばらしいことですが、単なるコピー&ペーストでは「パクり」です。文書作成力を高めるためには、一度これらのアプリケーションの表現方法から離れ、「どう伝えるか」ではなく「何を伝えるか」を考える必要があります。

4つ目の観点は表現のスピードです。ビジネスパーソンは概して忙しく、ほとんどの人が時間と闘っています。同じ文書であっても、徹夜してじっくり作るより1時間で作ることができるのであれば、当然そのほうが生産性も高く、早く価値を届けられます。

もちろん、よいものを作ろうとすると時間や手間が必要だという意見もあるでしょう。しかし、内容そのものに検討の時間をかけるべきであり、文書作成作業には時間をかけるべきではありません。そのためには、文書作成の基本的なテクニックを理解し、適用できるようになっている必要があります。

IT時代におけるビジネス文書作成の要件をまとめると以下のようになります。

■要件その1　大量の情報洪水に埋もれないわかりやすさを持つこと
■要件その2　高度な内容の本質を相手の言葉で伝えること
■要件その3　ツールに頼らず本質を際立たせること
■要件その4　圧倒的なスピードを付加価値にすること

最終目的は相手に動いてもらうこと

ビジネス文書に求められる要件をあげてきましたが、そもそもビジネス文書は何をもって成功したと言えるのでしょうか？　さまざまな目的の文書があるので、成功基準も異なりますが、1つだけ共通項をあげるとすれば、「相手に自分の望む行動をとっていただくこと」でしょう。小説やエッセイではありませんから、印象的な読後感を与えたり、深い感動を与えたりすることは目的ではありません。

では、行動をとってもらうためにはどうしたらよいでしょうか？　２つあります。「何を言っているのかわかってもらうこと」、そして「数ある行動選択肢の中から、自分がこの文書によってすすめる行動の優先順位を上げてもらうこと」です。

「何を言っているのかわかってもらうこと」というと当たり前のように思えますが、前項で述べたような情報洪水の中では、さらにそのわかりやすさを極める必要があります。「要するに何を言いたいのか」読まなくても見ればわかるぐらいまで削ぎ落として、本質を伝える必要があるのです。

そのためには、自分がまず徹底的に考えて内容を作らなくてはなりません。数人で議論しながらメッセージを検討することもありますが、多くの場合は１人で、自分自身や仮想の相手と対話しながら、メインメッセージは何か、どのような構成にしてどのように伝えたらいいだろう、と突き詰めていく頭脳作業を行います。それには、単に書類を作るという以上の、本当の意味での文書作成力が必要になるのです。

伝えたいことをわかってもらった上で行動に移してもらうには、忙しい人々に、優先順位をいかに上げてもらうかが重要になります。多忙なビジネスパーソンのＴｏＤｏリストはとても長いものです。単に「重要です」と述べるだけでは、ほかのＴｏＤｏも重要事項ばかりなのでなかなか優先順位が上がりません。

重要性を上げるためには、パッと見て感覚的に理解して納得して動いてもらえる表現の訴求力や、相手に寄り添う姿勢や心遣いであと一押しすることが必要になるのです。誰にでも同じ提案や企画では心に響きません。自分のことを徹底的に考えてくれていると感じたら、その人がすすめることの優先順位は上がっていきます。

そのためには、相手が何に関心を持ち、どういう期待を持っているのか、現在持っている情報はどの程度かなど、まず相手のことを知らなければなりません。相手、つまり「ターゲット」を知ることなくしては、文書作成も成功しないのです。ターゲットを分析するための方法は、第3章で見ていきます。

「わかる」の意味は2つある

行動してもらう文書に必要なのは、圧倒的なわかりやすさだと述べました。「わかりやすい文書を作りたい」とは、日ごろ文書作成にたずさわるビジネスパーソンであれば誰しもが思うことでしょう。

　では、そもそも「わかる」とはどういうことなのでしょうか。どういう状態を指して「わかる」と言っているのでしょうか。「わかる」ということがわかると、どうしたらわかりやすくなるかがわかりますし、わかりやすい文書を作るポイントもわかってきます。

　実は、ビジネス文書における「わかる」には、２つの意味があります。

　１つ目は、書いてあることの意味がわかること。文字どおり「意味を理解する」ということです。２つ目は、意味を理解した上でその意義がわかる＝「意義を納得する」ということです。英語で言い換えると、意味は「meaning」、意義は「importance」です。Importanceを別の日本語に訳すと「重要性」です。先ほど、優先順位を上げてもらって行動に結びつけると述べましたが、優先順位を上げるために重要性をわかってもらう必要があるというわけです。つまり、ビジネス文書は「意味を理解し、意義を納得してもらう」ということが求められるのです。そしてこの２つの「わかる」に対応し、「わかった状態」というものも違ってきます。

　まず、「意味を理解する」の「わかった状態」というのは、その言葉の意味がわかるということです。言い換えれば、情報を自分の脳内の本棚のどこに収めたらいいのかがわかることと言えます。また、収めただけでは丸暗記になってしまいますから、必要な場合には、それを適切に引き出して使うことができる状態を指します。

このように、意味を理解してもらうには、相手の頭の中にある本棚のラベルを想像するとよいのです。スポーツが好きな人の頭の本棚には、スポーツ情報を収めるための棚割りがあり、ラベルが貼られています。スポーツにたとえて表現すると、複雑な説明でも意味を理解してもらいやすくなります。相手になじみがない領域の文書を理解してもらうには、「今、何の話をしているのか」というラベルを相手の脳内本棚に貼っていくということを意識しながら、文書を作成する必要があるのです。

相手の脳内本棚は目に見えないので難しいことですが、ターゲットをしっかりと理解することで、理解しやすい表現は可能になります。この一手間が「わかりやすさ」につながると考えてください。

もう1つの「意義を納得する」の「わかった状態」は、文書で伝えているメッセージの重要性が腑《ふ》に落ちて、よしやろうと行動を起こすことを決意している状態を指します。この「わかった状態」は、なぜそうしたほうがよいのかという根拠、重要性、すべきこと（すべきではないこと）、選択基準などを相手が理解し納得しているというとても高いレベルなのです。

図表 1-1　「わかる」とは何か

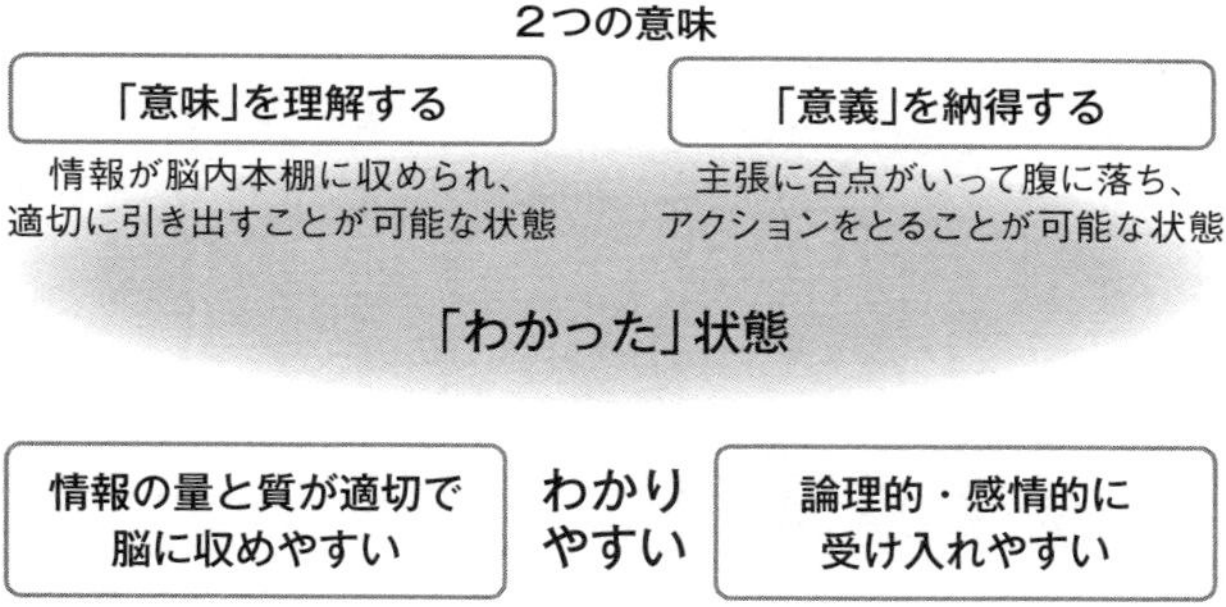
2つの意味
「意味」を理解する
情報が脳内本棚に収められ、
適切に引き出すことが可能な状態
「意義」を納得する
主張に合点がいって腹に落ち、
アクションをとることが可能な状態
「わかった」状態
情報の量と質が適切で
脳に収めやすい
わかり
やすい
論理的・感情的に
受け入れやすい

このレベルに到達するためには、文書だけではなく、プレゼンテーションなども必要になることが多いのですが、いずれにせよ、文書で表現するメッセージに納得してもらわなければ行動には結びつきません。

ビジネス文書における「わかる」とは、この２つの「わかる」がともにわかった状態です。意味を理解し、意義を納得して、初めて「わかった」と言えるのです。よくあるのは、「わかったけど、やりたくない」というケースです。これは言い換えると、言われたことの意味はわかるけど意義は納得できないということです。「よくわからないんだけど……」と言われてしまった場合には、意味なのか意義なのかを相手に確認する必要があります。もし意味がわからない場合には、表現を工夫しなければなりません。

意義である場合には少々複雑になります。純粋に重要性に賛同できない場合と、理屈としては正しいと思っていても感情的に受け入れられない場合があるからです。前者の場合にはメッセージのロジック（論理）自体を見直し、後者の場合には相手が快く意義を認められる理由を探し、表現することになります。

わからない、わかりにくいと言われたら、どの「わからない」なのかを考えましょう。相手が「意義が納得できない」という意味で「わからない」と言っているにもかかわらず、「これはこういう意味で……」と長々と説明しても、平行線になってしまいます。

「ロジカル」な文書とはどういうことか

本書は「ロジカル」な文書を書けるようになることを目指していますが、ロジカルとはそもそもどのような要件を備えているべきなのでしょうか？　先ほどは「わかる」を理解しましたが、「ロジカル」も理解する必要があります。こうしたことにこだわるのは、コンセプトや言葉に含まれる要素を分解し、自身で定義したクリアな言葉を使うことが、ロジカルな文書を書くためには不可欠な作業だからです。

言葉の意味を深く理解したい場合には反意語を見るのが有効ですが、ロジカル（logical、論理的）の反意語はイロジカル（illogical、非論理的）です。これではわかりません。では、論理という言葉を辞書で引いてみましょう。

「論理…⑴思考の形式・法則。議論や思考を進める道筋・論法。⑵認識対象の間に存在する脈絡・構造」（『新辞林』三省堂）

いくつかのキーワードが出てきました。「道筋」（筋道）「構造」です。つまり、論理的であるということは、「メッセージやストーリーが筋道立っていて、構成が構造的である」ということになります。

反対に論理的でないということは、話が見えなかったり飛躍したり、構成に全体感がなく、関連性がわからないということです。とはいえ、誰も脈絡のない話を展開しようと考えている人はおらず、自分なりの筋道や構成を考えているはずなのに、なぜ論理的ではないと言われてしまうのでしょうか？　それは、自分だけでなく、相手にとってもわかりやすい筋道や構造を考えていないからです。

ビジネス文書はコミュニケーションの手段です。コミュニケーションの基本は相手目線です。よく論理的に話す人が「あの人は理屈っぽい」と嫌われることがありますが、それは相手目線ではなく自分本位での論理を展開しているからです。

ロジカルなコミュニケーションとは、自説を正当化して無理強いするものではなく、相手にとってそれはどんな意味や意義があるのかをわかりやすく伝え、気持ちよく行動してもらうためのものです。ここを勘違いすると単なる論理のお遊びになり、本質的なコミュニケーションが成立しません。相手目線での筋道、構造をどのように形作るかがロジカルコミュニケーションの真髄だと心得ましょう。

「メッセージ」「ストーリー」「構成」で形作る

では、筋道と構造を、ビジネス文書の作成においてどのように形作っていくのでしょうか？　そのためには、ビジネス文書の設計図を知る必要があります。ビジネス文書の設計図は、「メッセージ」「ストーリー」「構成」から成り立っています。メッセージとストーリーを設計することが筋道の設計に、構成を設計することが構造の設計にあたります。1つ1つ見ていきましょう。

まずメッセージですが、平たく言えば「言いたいこと」です。そこには含まれていないといけないものがあります。それは「主張」と「根拠」です。言い換えると、「Aだから（根拠）、Bすべきである（主張）」ということです。

よく見られるのは、「Bすべき」という主張だけだったり、あるいは、「Aです」という状況だけで根拠になっていなかったり、「主張」あるいは「根拠」（もしくはその両方）が欠けているケースです。根拠が欠けていて主張だけしかない場合、相手は「なぜ？」と聞いてきます。英語で言えば「Why?」です。逆に、根拠だけあって主張がない場合には、相手は「それで言いたいことは？」（「So what?」）と聞いてきます。

また、「AだからBすべき」の、「だから」の部分に矛盾や飛躍がありAとBがつながらない、いわゆる「ロジックエラー」の場合もあります。メッセージをしっかりと組み立てるには、「ピラミッド構造」を習得する必要があります。ピラミッド構造でしっかりとしたメッセージを作ることは、文書の基盤設計にあたります。これがしっかりしていないと、どのようなストーリーにしたらよいのか、どのような表現がよいのかも決まらないので、まずはここをしっかりと設計しましょう。

次のストーリーは、メッセージを効果的に伝えるための話の展開です。メッセージをそのままダイレクトに伝えても、必要な前提情報や経緯がわからないと唐突で受け入れられません。メッセージを相手の理解度や嗜好に合わせて、制限時間内に伝えることを意識して展開

図表 1-2　ビジネス文書の設計図

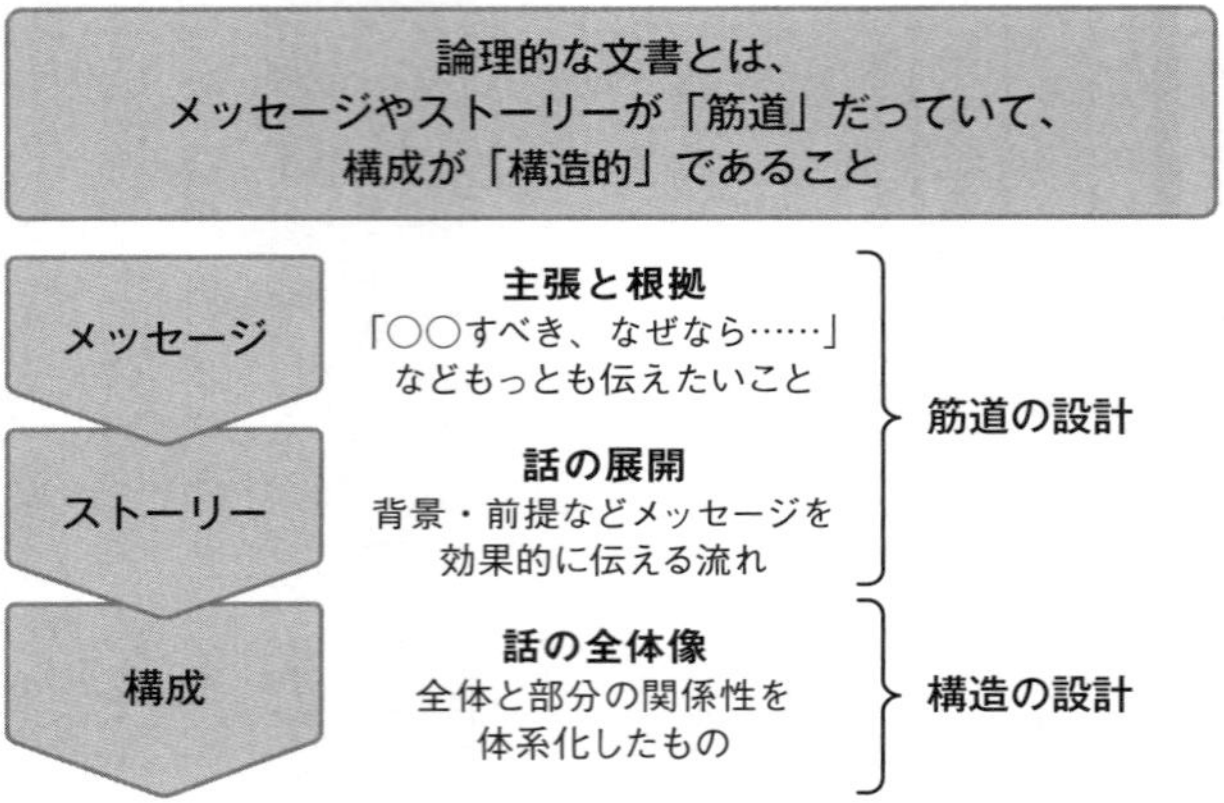
論理的な文書とは、
メッセージやストーリーが「筋道」だっていて、
構成が「構造的」であること
メッセージ
主張と根拠
「○○すべき、なぜなら……」
などもっとも伝えたいこと
ストーリー
話の展開
背景・前提などメッセージを
効果的に伝える流れ
筋道の設計
構成
話の全体像
全体と部分の関係性を
体系化したもの
構造の設計

を決めます。まったく同じメッセージでも、展開によっては相手をイライラさせてしまったり、やる気や信頼感をなくすこともあります。相手によっても、わかりやすさは異なります。

背景や現状をよく説明してからメインメッセージにつなげていったほうが納得してもらえる場合もあれば、先に結論を述べた上で、次々とその根拠を述べたほうがわかりやすい場合もあります。ビジネス文書では、学校で学んだような「起承転結」や「序論・本論・結論」のような展開を用いることはあまりありません。それゆえに、筋道立てて文書を作ることが難しいと感じる方が多いようです。

そんなに話を作るのがうまくないと不安になる方もいるかもしれませんが、ビジネス文書では、ハリウッド映画のような多くの展開パターンを駆使する必要はありません。いくつかのストーリーの展開を理解して、適用できるようになりましょう。

設計図の最後は構成です。ストーリーは大きな話の流れで筋道を示しますが、構成は話の全体像とその中の部分の関係性を示します。よく「話が見えない」という言い方をしますが、そもそも何の話をしているのかという全体像がわからない場合と、今何の話をしているのかがわからない場合とがあります。前者は話の全体像が理解されていないことが理由、後者は個別の話がどう関連しているのかが見えないことが理由で、どちらも構成で失敗しています。

ビジネス文書は膨大で複雑な情報を扱うことが多いので、構成を見える化しないと、何の話をされているのかがわかりにくいのです。たとえて言うなら、初めてあなたの文書を読む人は、知らない町の駅に降り立った人で、あなたはその町を知り尽くした人です。町のことを理解してもらうには、地図があったほうが圧倒的にわかりやすいでしょう。地図なしに、「あの店は人気があって……、あのマンションはながめがいい立地で……」と話しても、相手はなかなかその町のことを理解できません。

ビジネス文書における構成も同様に、文書全体の地図を作り、その地図をもとに話を展開していくとわかりやすいのです。ビジネス文書では、地図記号のような共通のものとして、フレームワークを用いると便利です。フレームワークは、先人がビジネスの事象を分析・検討・整理する際に活用してきた切り口です。これを共通の地図記号として使っていくことでわかりやすくなります。独自の地図記号を作り、相手に理解してもらうよりも、有効性が実証ずみで知られているものを使ったほうが、理解のスピードは速いのです。さまざまなフレームワークを、文書に合わせて活用する方法を学んでいきましょう。

4つの文書タイプ――「共有」「報告」「依頼」「提案」

さて、ロジカルな文書の要件を見てきましたが、ここでビジネス文書にはどんなタイプがあるのかを分類しましょう。

ビジネス文書は相手に行動を求めるものだと述べましたが、行動に対する相手の受容度によって難易度が異なります。同じ行動をとってもらうにしても、決定事項である場合とこれから意義を理解してもらうところから始めるのでは大きな差があります。

例えば、あるイベントに参加するという行動を相手にとってもらうとします。相手がすでにそのイベントに出ると意思決定していれば、日時・場所など連絡事項がメインの共有文書になります。一方、そもそもイベントの存在を知らなければ、意義を理解してもらい、優先順位を上げて参加の意思決定をしてもらう説得力のある文書が必要になります。

ビジネス文書のタイプは、相手の行動の受容度を上げるために自分がとる行動から分類できると考えてください。ビジネス文書は、「共有」「報告」「依頼」「提案」の4つに分けられます。

まず「共有」の文書ですが、すでに相手が行動をとることを決めている状態に対して、事実情報や行動の手順を伝えるものです。具体的には、議事録、イベント告知などの案内文書です。ガイド、マニュアルなども共有文書に含まれます。

次の「報告」の文書は、相手がこれからどのような行動をとるべきかを判断したいという状態に対して、事実情報を取りまとめて分析し、示唆や見解を加えて行動をうながすものです。市場調査などの報告書や、プロジェクトや事業・営業活動などの進捗・成果報告があげられます。障害報告書なども含まれます。

「依頼」の文書は、こちらがとってもらいたい行動を相手にお願いするものです。アンケートや点検作業など簡易な行動をお願いする文書や、講演など仕事の依頼、紹介・推薦など協

図表 1-3　4つの文書タイプ

相手に行動をとってもらう難易度（低 → 高）

文書タイプ	概要	文書例
共有文書	事実情報や行動の手順を伝える。	議事録、案内文書、ガイド、マニュアルなど
報告文書	事実情報を取りまとめて分析し、示唆や見解を得て伝える。	調査報告書、プロジェクト・活動の進捗・成果報告、障害報告書など
依頼文書	相手にとってもらいたい行動を伝える。	作業依頼文書、仕事依頼文書、協力依頼文書
提案文書	意識・行動変革の必要性を伝え、説得する。	ソリューション提案書、企画提案書、啓蒙的研修・講演文書など

力を依頼する文書などがあります。相手にとってメリットがある場合はよいのですが、そうでない場合には、意義の理解に加え、行動のとりやすさを工夫することが必要になります。

「提案」の文書は、相手にとって大きな意思決定や意識・行動変革を求めるもので、行動をうながすためにはもっとも難易度が高いものです。具体的には、企画書や提案書、啓蒙要素の強い講演や研修の資料などです。事業や購入してもらいたい商品・サービスの意味と意義をともに理解してもらうためには、相手目線で論理を組み立てなくてはなりません。ビジネス文書の中でも、もっとも取り組みがいがあるものと言えます。

以上、4つのビジネス文書のタイプを理解いただけましたか？　4つの文書タイプを英語で言い換えると、「Share」「Report」「Request」「Propose」です。相手の受容度を高めるために、情報の加工や説得の難易度が段階的に高まり、相手目線での高度な論理が求められるのです。

次の章からは、４つの文書に対して共通の「目的設定」「ターゲット」「メッセージ」という3つの基本ステップと、各文書別のストーリーと構成の作り方を見ていきます。

まず、基本ステップ①として、資料作成の「目的」を明らかにし、ステップ②として「ターゲット」のことを知り、ステップ③として伝えるべき「メッセージ」を作り込みます。ストーリーと構成は、文書タイプごとによく使われる型を覚え、自分の文書の内容に応じて使いこなしていきましょう。

第2章

目的を明確にする——基本ステップ①

いきなり文書を書き始めない

私がビジネス文書作成の研修や部下の指導などの際に言うのは、「まずパソコンを閉じて、ノートに目的とメッセージを手書きで書いてください」ということです。手書きで書こうとすると、体裁は取り払われ、本質的なメッセージしか書けません。だからこそ、まず紙に実際に書いてみて、本質的なメッセージは何なのかを確認することが大事なのです。そうすると、自分がどう考えているのか、もしくはそもそもまだ文書を作れるほどの材料がないのかがわかります。

パワーポイントやワード、エクセルなどのツールを使っていると一見文書を作っているように見えるのですが、図形や色などの体裁を変えてみるなど、本質的ではないところばかりに時間をかけてしまいがちです。また、文書を作成しているうちに不足している情報を集める、またはちょっと確認してみようとインターネットやメール、ＳＮＳなどを見始めてしまうと、気がつけば結構な時間がたっていたりします。

作りながら考えるという人がいますが、まず、本質的な目的や伝えるべきメッセージを徹底的に考えて紙に書いてみて、それから体裁のよい資料をパワーポイントなりのツールを使って仕上げたほうが、結果的には速くて、しかも内容的にもすぐれたものが作れます。

第１章でも述べたように現代は情報洪水の時代ですから、文書を作るときには、ネットワーク環境を遮断するくらいでちょうどよいくらいです。特に、文書の設計書であるストーリーや構成までは、ネットワークに接続できない環境で紙に手書きするというアナログな作り方をおすすめします。パソコンのアプリケーションで文書を作る際にも、できればその時間だけはネットワークに接続できない環境にしたほうが、文書の質も作成のスピードも上がると考えてください。

目的設定①　どんな行動をとってもらいたいのか

ネットワークから遮断された環境に身を置いたら、まず「目的」を設定しましょう。「何のために文書を作ろうとしているのか」、文書の作成目的と達成すべきゴールを明確化することで、文書作成のスタート地点に立てます。

繰り返しになりますが、ビジネス文書は、相手に何らかの行動をとってもらうために作成するものです。目的の明確化とは、第１に「相手にどんな行動をとってもらいたいのか」を明らかにすることと言えます。

第1章で説明した4つの文書タイプでは、相手にとってもらう行動の難易度が段階的に上がると述べました。「共有」の文書であればすでに行動をとることが前提ですから、目的として設定するレベルも具体的・詳細なものになります。「提案」の文書の場合でも、「何日までに予算承認を完了してもらう」「明日からこのチェックリストを活用して行動を変革してもらう」など、具体的な行動で目的を設定しましょう。そこまで具体的に考えることが、結果的に文書の本質を際立たせることになります。相手の行動のイメージを作り、文書作成の最後まで忘れないようにしましょう。

目的設定② そのために何を理解してもらいたいのか

次に、「その行動をとってもらうために、何を理解してもらいたいのか」を明らかにします。例えば、「改善企画の意義を理解する前段階として、まず現状のひどさ加減を知ってほしい」「新規事業を立ち上げるために、最新テクノロジートレンドを理解してほしい」といったことです。

稀に、「どんな行動をとってもらいたいのか」が不明確なまま、ひたすら分析だけが延々と続く文書がありますが、行動に結びつかなければ単なるデータでしかありません。目的設定①の最終的にとってもらいたい行動が不明確な場合には、何を文書に載せるべきかという判断基準もあいまいになるため、あれもこれもとデータを載せてしまう傾向にあります。

したがって、まず目的設定①のとってもらいたい行動を明らかにして、そのために何を理解してもらわなければならないのかという紐づけ作業を行います。非常に多忙な相手に対して、取捨選択されていない、もしくは論理的に加工されていないデータを提供することは、時間泥棒とも言える罪です。そのためにも、行動から必要な理解すべきことを洗い出しましょう。

目的設定③　そのためにどのような状態にするべきか

３つ目は、「そのために相手をどのような状態にするべきか」を決めます。文書を説明したあとや読了後に、相手にどんな心境になってもらいたいかということです。例えば営業の提案文書であれば、顧客が「絶対に購入してみたいという気持ちになっている」、上司へのプロジェクト報告文書であれば「進捗に対して安心感、自分に対して信頼感を抱いている」などです。

目的設定①の行動を、例えば「承認を取りつける」と設定しても、その際の状態には、「前向きにその気になっている」のか、あるいは「乗り気ではないがしぶしぶ承認でよい」のかでは、大きな違いがあります。「背水の陣、不退転の覚悟をもって承認してもらう」「新たな取り組みに大きな期待を持って承認してもらう」など、より具体的なイメージで相手の状態を設定しましょう。

なぜ相手の心理状態まで設定すると思いますか？　相手の心理状態を考えることは、意義を理解してもらうために欠かせないからです。意義の理解とは、重要性が腹落ちした状態です。その心理状態を具体化するのです。心理状態の定義は、文書全体のストーリーから詳細部分まで大きく影響します。同じ事業企画を提案する文書でも、危機感をあおるストーリーにするのか、夢と希望の未来を描いたストーリーにするのかでは、メッセージ、ストーリー、構成が大きく異なります。分析データを出す場合でも、フォーカスするポイントが異なることもあります。

図表 2-1　目的設定

1. どんな行動をとってもらいたいのか（ゴール）

例①　次のプロジェクトの予算を承認してもらいたい
例②　研修で得たテクニックを業務で適用し、効果を出してもらいたい

2. そのために何を理解してもらいたいのか

例①　プロジェクトが成功した場合の効果
例②　実践可能な具体的かつ応用可能なスキルやテクニック

3. そのためにどのような状態にするべきか

例①　プロジェクトに対して好意を持ち、サポーターの気持ちになってもらう
例②　「自分もやってみたい」という気持ちになってもらう

目的設定が甘いとどうなるか

相手にとってもらいたい行動、そのために必要な理解、意義を納得した心理状態という3つの目的設定を理解していただけましたか？　これらの目的設定を怠ると、どのようなことが起こるのかを見てみましょう。

まず、行動が定義できていない例をあげると、もっとも多いのは「相手に○○を理解してもらう」というパターンです。「理解する」は動詞なので一見行動に思えますが、行動の一歩手前です。例えば、メールで営業活動の進捗を簡単に説明する場合の目的設定では、「とりあえず現状を理解してもらう」のではなく、「進捗に対して問題点を指摘してもらう」という相手の行動を具体的にしましょう。こうすることで、報告

文書の最後に、「現時点で問題があれば明日までにアドバイスをお願いします」という一文が加わり、相手も行動しやすくなるのです。

次の理解や状態が定義できていない例は、専門性の高い技術系の提案資料などで多く見受けられます。コンピュータやアプリケーションの機能説明や性能比較表など詳細説明がずらりと並んでいるものの、相手は判断ができないというケースです。

こうしたケースは、「最終的には製品Aを選んでもらう。そのために2つの判断基準によって比較結果を理解し、Aを選べば間違いないと確信してもらう」といった①〜③の目的が設定されていないか、紐づいていないかのどちらかでしょう。相手がその領域の専門知識がない場合は特に間違いがないという確信がほしいのですが、詳細情報を出し過ぎると迷いが生じ、かえって意思決定を妨げてしまうのです。

目的設定はビジネス文書を論理的に作成するための礎です。これを設定せずに文書を作り始めないようにしましょう。

第3章 ターゲットを知る——基本ステップ②

相手の期待と理解はどれくらいのレベルか

続いて、基本ステップ②の「ターゲット」に入っていきましょう。ここでは、自分の言いたいことをいったん忘れて、相手に行動を起こしてもらうために、相手の期待レベルと理解レベルを徹底的に考える「プロファイリング」という作業を行います。

プロファイリングとは、犯罪捜査では容疑者の残した痕跡から人物像を類推して逮捕に役立てることを言いますが、文書作成では「相手の人物を心理的な側面から分析し、行動特性を明らかにすることで、ある行動を起こさせるのにもっとも効果的な方法を検討すること」だと考えてください。具体的には、相手の期待や理解のレベルを明らかにし、それを踏まえた上で、「何をどのように伝えるともっとも効果的か」という方法＝「仮説」を構築することを指しています。

ビジネス文書の作成に、期待と理解の把握が必要な理由は、どちらかが欠けても文書の目的が果たせないからです。相手の期待がわかっていないと、「私が聞きたいのはそんなことじゃない」と的外れになってしまいます。文書を読む側としては、多くの方が経験されていることでしょう。

図表 3-1　ターゲットプロファイル

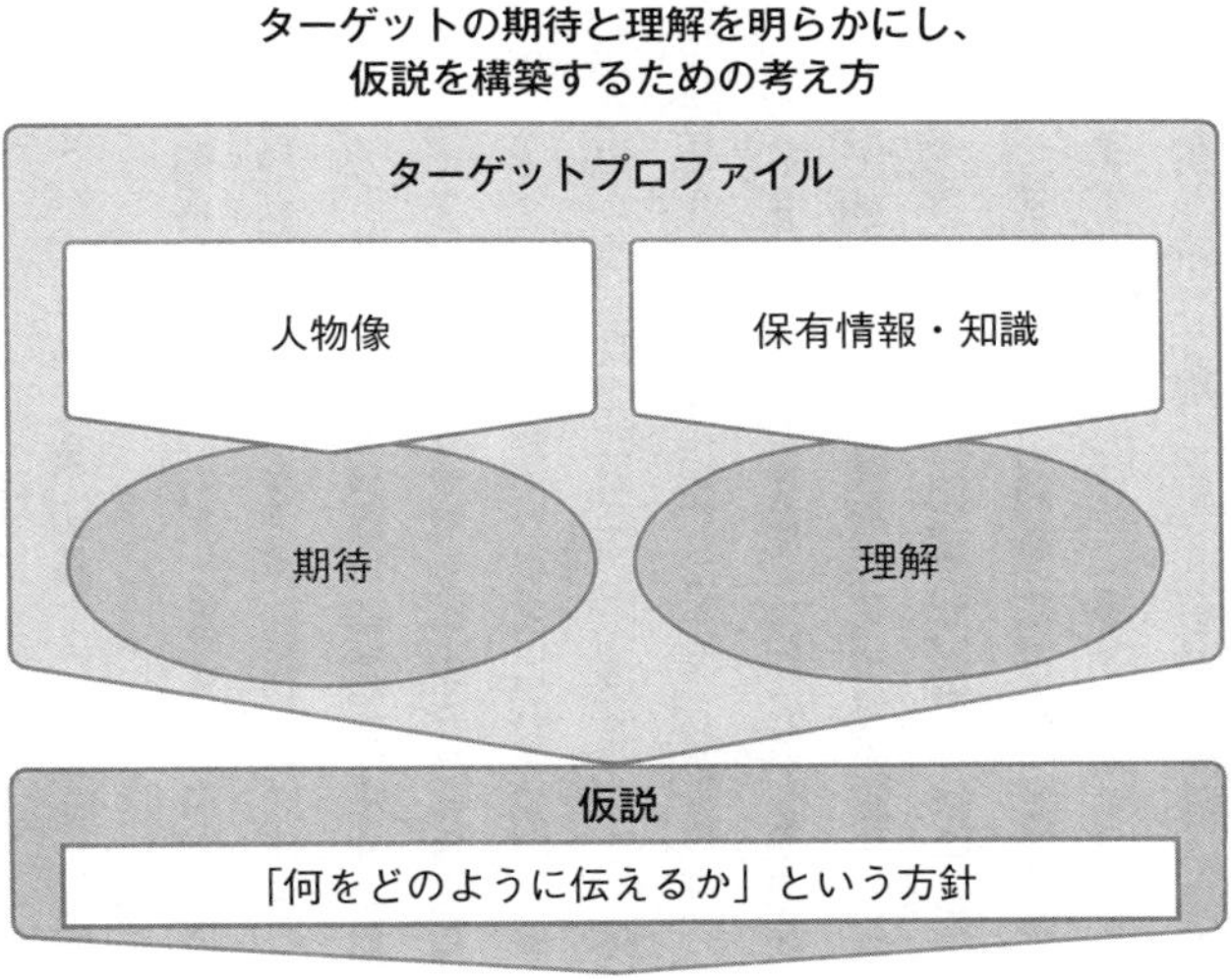

ターゲットの期待と理解を明らかにし、
仮説を構築するための考え方

相手がどれくらい理解しているかがわからない場合、文書の内容や説明が一方的になりがちで、結果的に、相手に「何を言いたいのか、よくわからなかった」と、思われてしまいます。このように、相手の「期待」と「理解」の把握は、どちらが欠けていても効果的な情報にはなりえません。

プロファイリングで把握する「期待」と「理解」について、もう少しくわしく見ておきましょう。

期待をいい意味で裏切る

相手の期待に応えるために必要なこととは何でしょうか？「こういうことが聞きたい」と直接言われたこと、つまり顕在化した期待をとらえることはもちろんですが、さらにその裏側にある、まだ相手でさえも言語化することができていない、潜在的な期待を推し量ることが必要です。わかりやすい文書を作ると言われる人は、必ず相手の期待を超えたものを提供してきます。行動を起こしてもらおうと、相手の期待どおりのことを説明していても響かない場合は、意外性を打ち出して優先順位を上げてもらうことも必要になります。

意外性の出し方は４つあります。意外性は、文書のメッセージと相手の期待や認識とのギャップによって生まれます。伝えたいことが相手にとってどう認識されているのかをＳＷＯＴ分析で検討してみましょう。ＳＷＯＴ分析とは、主に企業戦略立案時に用いられるフレームワークで、内部要因である強み（Strength）、弱み（Weakness）、外部環境要因である機会（Opportunity）、脅威（Threat）の４つの面から評価する手法で、頭文字が名称になっています。

戦略立案というと難しそうですが、簡単に言うと、メッセージ自体に意外性があるかどう

図表 3-2　意外性の SWOT

A　メッセージが強い場合 **論点注目戦略** メッセージ自体が強いので、「今、なぜ○○なのか？」という背景情報を伝える。	**C　向かい風環境** **再ポジショニング戦略** メッセージに向かい風が吹いているので、「実は○○なのです」と別のポジションを打ち出す。
B　追い風環境 **差異化戦略** メッセージに追い風が吹いているので、競合するものよりどれだけすぐれているか差異を打ち出す。	**D　メッセージが弱い場合** **知識の隙間戦略** メッセージ自体が弱いので、疑問を与えることで興味・関心を引っ張る。

か、メッセージに対して相手が賛同しそうかどうかで4つの象限に分けて対策を立てましょうということです。

では、それぞれの象限ごとに、どのように意外性を出していくのかを見ていきましょう。

まず、Aのメッセージが強い場合は、論点注目戦略でメッセージを伝えていきます。メッセージ自体に強さや新しさがある場合には、それだけで意外性を与えるため、あえて意外性をひねり出す必要はありません。

ただし、相手によっては、そのテーマを認知していない、つまり受容性が整っていないことがあります。その場合には、「今、なぜ○○なのか?」という背景情報を提示します。背景情報とは、例えば統計データなどです。相手にとって「自分が思っていたより、もっと身に迫ってきている重要なことなのだ」と認知させるのです。プロファイルによって、相手が知っていること、知らないことを調べ、何が相手にとって目新しいものなのかをよく考えます。

Bの追い風環境とは、相手がメッセージそのものには反対を唱えない総論賛成という状況です。例えば、提案コンペなどはお客様側もプロジェクトをすること自体は決めているのでメッセージの方向性自体には誰も異を唱えません。この場合は、競合との差異に意外性を出していくことが勝敗を左右します。例えば、商品・サービスのフレームワークであるQCD(Quality:品質、Cost:価格、Delivery:納期)の観点で、競合よりすぐれていながら相手に伝わっていないことを洗い出していくのです。

品質であれば、「一般的に原材料でXXを使うところを、この商品は○○を使用」、あるいは「百戦錬磨の一流人材をプロジェクトに登用」などの点、納期であれば、「翌日配送ではなく、即日配送」という速さや「こだわりの梱包」といった安心感などの差異を洗い出します。重要なのは、相手の「これくらいだろう」という予想や期待を超える点を見出すことです。いかにそれが重要なことなのかをメッセージの核にしていきます。

また、報告などで特に問題がない状況でも、特に良い点、留意すべき点はないのかを探しましょう。相手がほかの人に話したくなるようなニュース性のある情報を盛り込むことで、期待を超えられます。

Ｃの向かい風環境とは、相手がすでに優先順位を下げてしまっている状況です。このような向かい風の状況で意外性を打ち出していくためには、置かれているポジションを再定義して、重要性を上げてもらう必要があります。

再定義とは、「ＸＸと思われているかもしれませんが、実は○○なのです」と相手が抱いているであろう第一印象を裏切ることです。告知・案内文書であっても、イベントに来ようと思っていない相手まで対象として作成する場合には、相手の予想を裏切るようなイメージの再定義が必要です。「退屈なイベントだと思っていたら、こんなにもおもしろい」というような参加した人の声や臨場感あふれるイベントの画像を掲載するなど、相手が抱いているイメージとできるだけギャップがある情報を考えましょう。

Ｄのメッセージが弱い場合は、もっとも苦しいケースです。コンプライアンス（法令順守）のメッセージや寄付の募集などなかなか積極的に興味を持ってもらいにくいものに加え、熾烈《しれつ》な競争環境で競争優位性を打ち出しにくい、これといった特長がないなどの場合です。

この場合には、伝え方や表現で意外性を出していくしかありません。問いと答えという伝え方で、知識の隙間があることを刺激していく方法です。ふつうに「AはBです」と伝えられたら興味がわかないところを、「Aとは何でしょうか？」と質問されると、知っている場合でも「もしかしたら、自分が知らないことかもしれない」と知識の隙間が作られて不安になり、その後に伝えられる情報の価値が上がります。そして、相手が自分で答えを導き出せるようにするのがベストです。なぜなら、自分で出した答えは、その答えが当たり前のことであっても、人から言われるよりも価値のあるものに感じられるからです。

このような伝え方をするためには、プロファイリングも念入りにする必要があります。どこまでの期待値、理解度なのか、どんな問いかけが効果的なのかを考えましょう。

相手の理解レベルから言葉を選ぶ

説明しようとすることに対する相手の理解レベルを知ることは、わかりやすい文書を作る上での基本です。例えば、「○○業界の人であれば、この言葉にはなじみがあるが、この用語にはなじみがないだろう」というように、言葉や概念について相手が持っている情報を最初に想定するのです。

自分が文書やプレゼンテーションの中で当たり前のように使っていた言葉の意味を、そもそも相手がわかっていなかったというケースは実際に多くあります。業界用語や英語、略語などは特に注意が必要ですが、これらをすべて排除するということではありません。業界内で多くの人が当然知っている言葉であれば、むしろそれを使ったほうが共感性が生まれ、話がスムーズにいくケースもあります。また、新しい概念を伝えたい場合には、相手にとってはなじみのない言葉を、カッコ（「」）やダブルコーテーションマーク（〝〟）でくくって、言葉の意味をきちんと定義して、これから理解すべき重要な言葉であることを強調するのが１つのテクニックです。このような一手間を省くと、重要な概念を最後まで理解してもらえないという結果になることもあります。

複雑な概念を伝える場合には、比喩や引用が役に立ちます。たとえや比喩を使う場合も、年齢や業界など相手のバックグラウンドに加え、理解レベルを考慮しないと、効果が半減してしまいます。例えば、チームワークの重要性を説明するために先達の有名な言葉を引用する場合、相手が管理職層だったらラグビーの名監督の言葉が響く人が多いでしょうし、若手社員の場合であれば、サッカーのキャプテンの言葉のほうが効果的でしょう。

このように、プロファイルによって使う言葉を選ぶことは、わかりやすさに大いに影響します。また、単に意味の理解を促進するだけではなく、相手から好感を持たれ反発を防ぐ効果もあり、意義の納得にもつながります。

プロファイリングシートの作り方

期待と理解の把握について説明してきましたが、そのためには事前のプロファイリングが重要です。私がプロファイリングをする際に活用している「プロファイリングシート」を紹介します。項目を埋めていくことでプロファイリングができていきますので、項目に従って一緒に見ていきましょう。

ターゲット

「ターゲット」は、文書を見せる相手です。ターゲットには、「メインターゲット」と「サブターゲット」を設定します。例えば、提案文書の場合には、ユーザーと費用を出すスポン

図表 3-3　プロファイリングシート

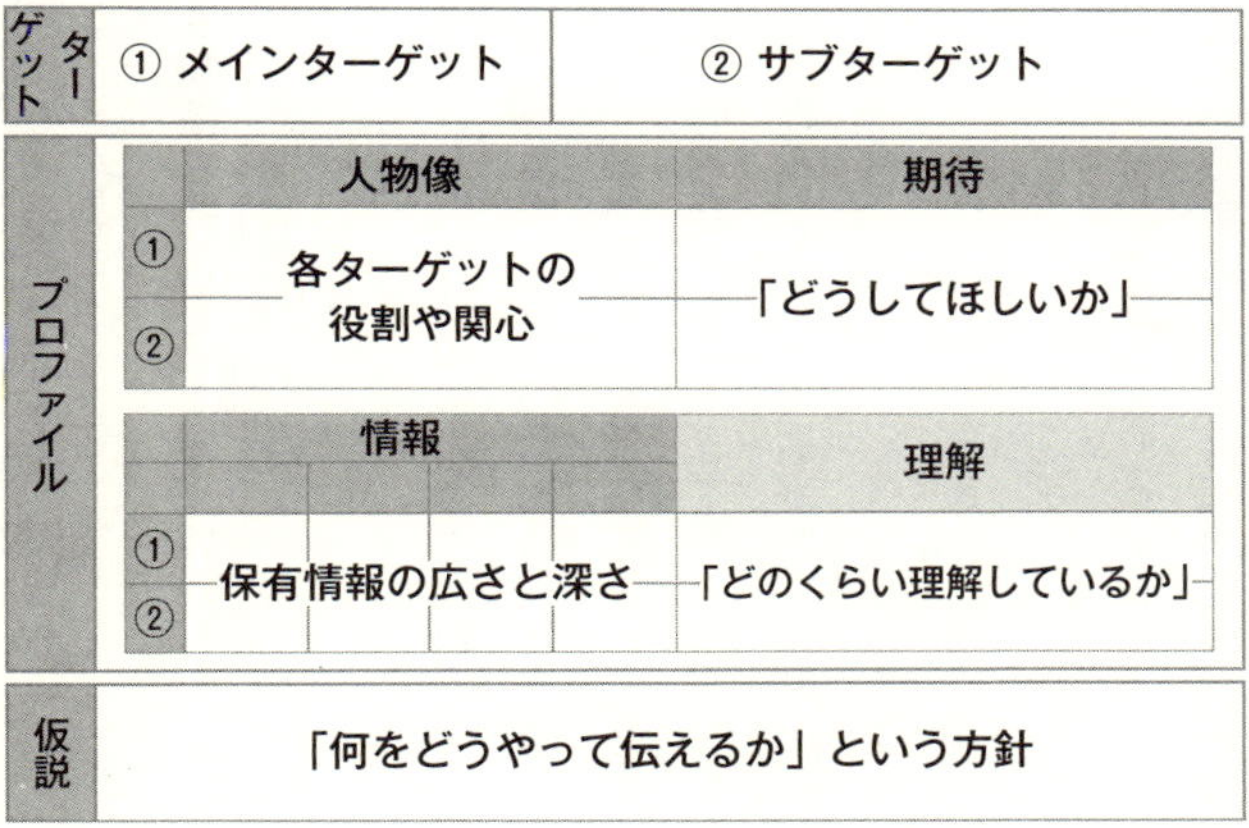

ターゲット	① メインターゲット		② サブターゲット
プロファイル		人物像	期待
	① ②	各ターゲットの役割や関心	「どうしてほしいか」
		情報	理解
	① ②	保有情報の広さと深さ	「どのくらい理解しているか」
仮説	「何をどうやって伝えるか」という方針		

サーが別という場合が多く見られます。プロジェクト報告書では、プロジェクトオーナーである役員がメインターゲットに、現場のリーダーや実際のユーザーがサブターゲットになるかもしれません。

ターゲットが不特定多数、あるいは大人数の場合は、人物像を特定するために、さらにセグメント化するか、中でも典型的な人を選んでターゲットにします。マーケティングでは、顔の見えない「消費者」ではなく、「35歳の独身女性。平日は残業や婚活で忙しく、帰宅は深夜。休日の過ごし方は……」などとイメージがわきやすい設定でターゲットを特定することで、具体的なプロモーション企画を進めやすくしています。文書作成も、相手を特定することで対策が立てやすくなるのです。

人物像

ターゲットが明らかになったら、次にその「人物像」を描きます。人物像はタテ軸とヨコ軸と現在軸で見ていきます。

まず、タテ軸は相手の歴史情報です。その人の職歴・経歴や、場合によっては生い立ちなどを押さえます。この情報は、使う言葉や比喩を考える際に使います。

次に、ヨコ軸は、相手の関係・影響範囲を指します。ヨコ軸情報をどれくらい広く取るかは文書の内容にもよりますが、一番せまく取るならば、現在の業務や活動の内容です。もう少し広げるならば、所属部門、事業部、会社、業界など、関係する範囲を広げて情報を集めます。その人が何から影響を受けるのか、その人がどのような影響を与える人なのかを知ることで、「この行動をとることは、○○につながります」という訴求ポイントに持っていきます。

現在軸は、相手の現時点の状況や行動の詳細情報です。その人が1日をどう過ごすのか、例えばあるエグゼクティブの人であれば、「朝7時からミーティングが入り、その後も5分

図表 3-4　プロファイリングシートの記入例

ターゲット	①システム部門責任者 ②営業企画部門責任者	その他参加者：システム課長、営業課長

プロファイル

	人物像	期待
①	営業支援システム導入の必要性を感じているが、定着が難しいと考えている。	事例や効果を知りたい。定着をいかに行うのか、具体的な施策が知りたい。
②	新しいものへの興味は大きいが、投資対効果については上からプレッシャーが強い。	営業業務でどう使うのか、具体的なイメージと効果について確信が持ちたい。

	情報				理解
	コンセプト	事例	システム	運用方法	
①	高	中	中	低	コンセプトは理解しているが、具体的な運用方法はイメージできていない。
②	中	低	低	低	SNS は言葉として知っているレベルで、何ができるのか具体的イメージがない。

仮説	**成功・失敗事例などを見せ、業務での活用シーンやデモ画面などを使い、具体的に何ができるのか、効果は何かを実感してもらう。**

刻みのスケジュールで動いている」「毎週火曜日は営業会議」など、その人の行動を詳細に知ることで、依頼文書などの内容に大きく影響してきます。

　これらを知らずに依頼することは、無視されるだけならまだいいほうで、下手をすると相手を怒らせてしまうリスクもあります。例えば、朝テレビで流すニュースであれば、いくら正確な情報でも、長々とした表現ではイライラさせてしまいます。

余談ですが、テレビのニュース番組では、1分間に読まれる文字数が朝と夜の番組で異なるそうです。朝はあわただしい中で、夜はゆったりとした中でニュースを聞くというのが理由です。文書も同様に、相手のタテ・ヨコ・現在軸で人物像をとらえることで、相手の状況に応じた文書を作れるようになります。

期待

プロファイリングの中でも、ここは非常に重要な部分です。把握することは、相手の優先順位と判断基準です。相手の優先順位が高い事項は何なのか、また、自分が相手にとってほしい行動は相手の優先順位の中で何番目に位置するのかを把握するのです。コスト削減至上主義の相手であれば、それらにつながらない行動の優先順位は当然低いほうにあります。

依頼文書であれば、自分の依頼が相手にとってメリットがあれば優先順位が上がりますし、なければ優先順位は低くなるでしょう。自分の依頼が後回しにされそうであれば、意外性や感情訴求などで優先順位を上げてもらうことになります。それを考えるにあたり、相手の考え方や行動の優先順位を知っておくことが必要なのです。

優先順位がわかったあとは、相手が何を訴求されたら動くのかという判断基準を考えます。訴求するポイントは4つあります。

1つ目は、「価値の訴求」です。単純に相手にとっての価値を訴求するものです。商品やサービスの良い点、効果などです。また、「最後の1つ」「期間限定」「今なら半額」など限定された価値を上乗せすることも訴求の1つです。機会がせばめられると、つい今決めなくては、と意思決定の優先順位が上がるのです。

2つ目は、「社会性の訴求」です。例えば、「このコミュニティに所属するためにはこれが必要です。みんながやっています」という訴求です。外国と比較すると、日本人はこの訴求が効きやすいと言われています。違っていることが不安という心理にもとづいた判断基準です。普及率、浸透率、デファクトスタンダード、規則などが訴求するための材料になります。

3つ目は、「承認の訴求」です。2つ目よりも、さらに優位性を求める心理が判断基準です。「専門家やえらい人が言っていることである」という権威や、「この提案を受けることで競争相手に差をつけられ、ナンバー1として認められますよ」という承認欲への訴求をします。

相手が何に対して権威を感じるのか、何を誰から承認してもらいたいのかはプロファイリングから導き出します。誰もが認める有名な専門家よりは、相手にとって身近な存在のほうが権威になる場合もあります。

４つ目は、「一貫性の訴求」です。自分や会社の信条やミッションにはノーと言えない心理に訴求します。自分が提案すること、依頼することが、相手のやろうとしていることと食い違っていないということを強調するのです。

例えば、「来週1週間、朝7時に来てください」と言われたら断る人がほとんどでしょうが、「震災ボランティア活動に賛同しますか」と聞いて「はい」と意思表明した人に、「実は来週早朝ボランティアを募集しているので来てほしい」と言った場合には、断られる確率は格段に低くなります。先に前提に対する同意を得ておくと、その後は、相手は自分の行動の一貫性を保とうとします。依頼文書などは大前提の確認・強調から入って、徐々に詳細な依頼情報を伝えていくと受け入れられやすいでしょう。

情報

相手が持っている情報で把握すべきなのは、「Ｗｈｙ」の情報、「Ｗｈａｔ」の情報、「Ｈｏｗ」の情報の3つに分けられます。それぞれの情報について、相手がどれくらい情報を持っているかを「H（High）」「M（Middle）」「L（Low）」で見える化し、仮説を立てるときに、このうちのどれに重きを置いて説明するべきかを分析していきます。

まず「Ｗｈｙ」は、「なぜそれをやるべきか」という情報についてです。もしここが「L」、つまり「必要性がわかっていない」という場合には、背景、根拠を中心に話を進める必要があります。次に「Ｗｈａｔ」は、相手に求める行動や提案したい内容そのものについての情報です。３つ目の「Ｈｏｗ」は、「Ｗｈｙ」の情報、「Ｗｈａｔ」の情報、すなわち「なぜそれをやるべきか」「何をすればいいか」がわかっている場合、あとは具体的に「どうしたらいいのか」という情報です。

このように、あらためて相手が何を知っていて何を知らないのかを認識することは、わかりやすい文書作りにはとても重要です。まず、相手が知らないテーマに対しては、比喩を用いたり、具体例を出したりするなど、相手がわかりやすい表現を心がける必要があります。次に知っている（と思っている）テーマに対しては、その理解が正しいのかどうか、自分の意図と違う場合にはどうやって認識を変えてもらうかを考えていきます。

相手の保有情報を把握していないと、例えば相手が必要性を理解していないということを把握できていない場合には、だいぶ説明が進んだあとで、「ところで、そもそもどうしてこんなことをしなくてはならないのか？」と前提から崩されるような質問が出たりします。自分が話したい本題にいきなり入るのではなく、メッセージを確実に理解してもらうために、土壌としてどのような情報を先に提示しておくべきかを検討するためにも、相手の情報を明確に把握することは必要です。

また、「Ｈｏｗ」情報は、具体的な行動や計画なので、業界、業務などが相手にとってなじみがあるのかを把握しましょう。技術系の人にとっては当たり前の用語でも、相手が理解できないことはままあります。同様に、特に外資系企業の場合、日本語の中で使っている英単語が、ほかの企業では不自然であることが多くあります。同じ日本語なのに、話が通じないということがないようにしましょう。

理解

「理解」では、相手の保有する「情報」から、相手の理解レベルの全体像を導き出します。例えば、「背景については納得しているが、詳細な進め方は理解していない」「テーマや業界について精通していないため、企画内容をすぐに理解できるレベルではない」「自分の経験をもとにした思い入れが強く、一般論では物足りないだろう」といったことが理解レベルの全体像です。この相手の理解レベルをありありと描けると、文書がわかりにくいと言われる確率が下がります。

また、相手の理解レベルは日々変わっていくものです。旬なテーマであればどんどん理解レベルが上がっていくことがありますし、プロジェクトなどの進行具合によっても変わります。一度把握したら終わりではなく、文書を提示するタイミングで相手の理解が変化していないかをアップデートしていきましょう。

プロファイリングのゴールは仮説

プロファイリングシートから最終的に導き出すのが「仮説」です。ここでの仮説とは、「ターゲットの『期待』と『理解』を明らかにすることによって導き出した、何をどのように伝えるのがもっとも効果的かという文書の作成方針」を指します。

集めたプロファイリングデータを、いかに読み込んで的確な仮説を導き出すか。ここが勝負の分かれ目とも言えますが、データを見ても、字面しか追えない人と、データをしっかり読み込んで精度の高い仮説に結びつけることができる人がいることは事実です。

仮説の例をあげると、「まずは啓蒙的なトレンド説明をメインにし、必要性の理解をうながす」「現状認識が薄いため、現状分析を中心にリアリティのあるデータと生の声を中心に伝える」「危機感は抱いているので、改革プロジェクトの内容を具体的に、効果を強調して伝えて意思決定をうながす」などです。

これらはあくまでも仮説であり、正解があるわけではありません。外れることも、もちろんあります。しかし、たとえそれが外れていても、データを丹念に集め、想像力を発揮してそれらを分析していくことで、立てた仮説の精度が高くなることは間違いありません。それに、それだけやったという熱意は必ず相手にも伝わります。そして、相手への興味・関心が深ければ深いほど、有効な仮説が立てられると言えるでしょう。

第4章

メッセージを構成する——基本ステップ③

主張と根拠で組み立てる

基本ステップ③の「メッセージを構成する」に入っていきましょう。相手にきちんと伝えるためには、思いつくままに話したり書いたりするわけにはいきません。そこでメッセージ、アイデア、データを、相手に伝わるようにロジカルに組み立てることになります。

さて、ここで、メッセージとはそもそも何かを考えてみましょう。メッセージを因数分解してみると、以下のようになります。

メッセージ　＝　主張　×　根拠

別の言い方をするならば、以下のようになります。

「Aだから（根拠）、Bすべきである（主張）」

文書作成の材料である情報をよく見てみると、主張は強いが根拠がそろっていない場合や、根拠となるデータはあるものの、主張との結びつきが今一つ、という場合もあるでしょう。不足している部分も確認しながら、これらをつなげて相手に伝わる一連の流れにするのがメッセージの構成という作業です。

第1章でも述べましたが、散見される例として、「Bすべき」と主張だけを言っていたり、あるいは、「Aです」という状況だけを述べて根拠になっていなかったり、主張あるいは根拠（もしくはその両方）が欠けているケースがあります。根拠が欠けていて主張だけしかない場合、相手はたいがい「なぜそう言えるの？」と聞いてきます。英語で言えば「Why so?」です。逆に根拠だけあって主張がない場合には、相手は「それで？」（So what?）と聞いてくるでしょう。

このような状態をロジックエラーと呼びます。ロジック、つまり論理が成り立っていないということです。

ロジックエラーを防ぐピラミッド構造

ロジックエラーを起こさないためには、ピラミッド構造が有効な手段です。ピラミッド構造とは、1970年代の初期に、米戦略系コンサルティング会社マッキンゼーのバーバラ・ミント氏が、ロジックの重要性に着目して確立した「論理のピラミッド構造」という考え方、手法のことです。ピラミッドが下に行くほど具体的な情報、上に行くほど抽象度が高いメッセージという構造です。一番下位のレベルは、事実の証明がなくても通用する情報にし

図表 4-1　メッセージのピラミッド構造

1970年代の初期に、マッキンゼーのバーバラ・ミント氏がロジックの重要性に着目して確立した「論理のピラミッド構造」という考え方、手法。

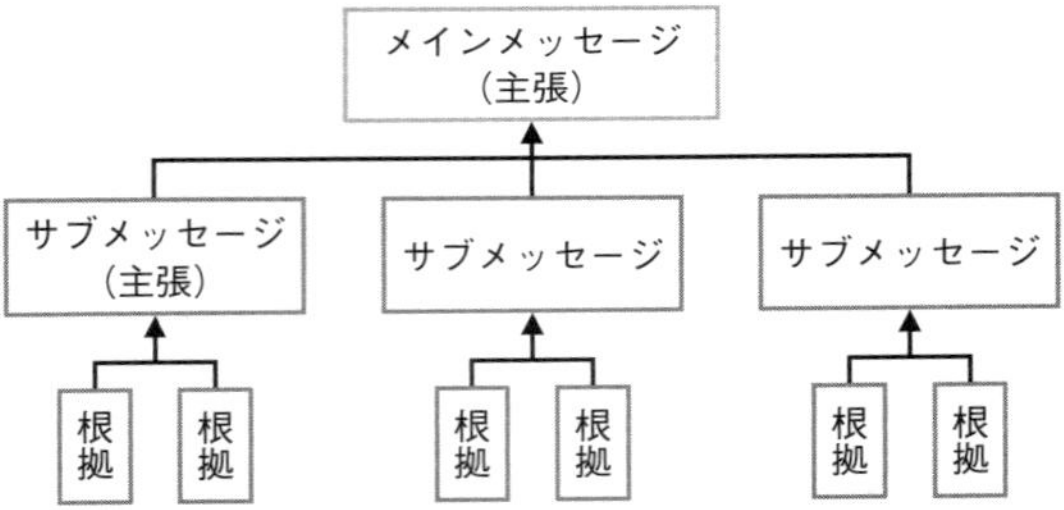

・ピラミッドは、下に行くほど具体的で、上に行くほど抽象度が高い。
・一番下位のレベルは、事実の証明がなくても通用するレベルにする。
・論理構造の基本は「帰納法」と「演繹法」。

ます。

論理構造の基本は、「帰納法」と「演繹《えんえき》法」という2つです。こう聞くと学術的な感じがしますが、ビジネスコミュニケーションにおいてはとても有効なので、ぜひ覚えてください。

簡単な例でピラミッドを説明しましょう。

「今日の会議は実施できなくなってしまった。当社の山田部長は、明日の18時ごろまでスケジュールの調整が難しい」「鈴木課長は明後日の午前中か明後日の17時以降なら調整できると言っていて、山田部長も明後日だと前の会議が17時に終わるから、その30分後くらいからなら参加できる」「お

図表4-2　メッセージのピラミッド構造の例

会議を明後日の
18時～20時に変更する
お客様は明後日の15
時以降なら参加可能
当社側は、明後日の
17時半以降、
全員が参加可能
明後日の18時以降、
会議室に空きがある

客様は明日でも明後日でもいいと言っている。明日ならいつでもよく、明後日は15時以降しか参加できないが、両日とも20時までに会議が終わるなら何時に開始でも大丈夫」「ただし、会議室が空くのは明後日の18時以降」「明後日18時に会議を変更する」

これでは、とてもわかりにくいですよね。

次に、こちらの例を見てください。

「会議を明後日の18：00～20：00に変更する」「お客様は明後日の15：00以降は参加可能」「当社は明後日の17：30以降全員参加可能」「会議室は明後日の18：00以降なら空いている」

こちらはだいぶすっきりしていますね。違いを説明すると、前者はまず集まった情報をつらつらと並べただけなので、冗長で不要な情報が混在しています。また論理構造が見えないため、最後まで読まないと何を言わんとしているのかがわかりません。

後者は、まず「会議の日程を変更する」という主張がとても明確です。根拠も、お客様、当社、会議室という3つの観点で日程変更が可能である理由が述べられ、主張をサポートしています。当社やお客様の詳細な都合はすべて伝える必要はないため、要約しています。

前者のように極端にわかりにくい文書は作らないと思われるかもしれませんが、分析報告や企画書などは、とにかく調べたことや情報を伝えようと盛りだくさんになりがちです。自分では1つ1つの情報がどういう位置づけかを理解できても、相手にはその関係性が見えず、ロジックの構造が理解できないのです。

ビジネスコミュニケーションでは、文書の場合でもチャート（図解）の場合でも、相手目線での構成にしないと理解されません。幹となる主張を明確に打ち出し、それを支える根拠を整理し、切り捨てる作業を行うのです。ロジックは、あくまでも相手にとってロジカルである必要があります。ピラミッドはロジックの構造を視覚化できるため、何を主張し、そのために何を根拠としてそろえるべきかを整えられるようになります。

タテ方向の作り方――5回以上の「なぜ？」に耐えうるものに

では、ピラミッドの作り方を見ていきましょう。まずタテ方向ですが、主張に対して根拠を展開していきます。メッセージの説明で述べたように、主張に対して、「Why so? ＝ なぜそう言えるのか?」という問いに答えていきます。また、下から上に、根拠となる情報に対して、「So what? ＝ それで何が言えるの?」ということを検証しながら構成していきます。「Why so? / So what?」を繰り返すわけです。この上下の関係がつながっていないものが、ロジックエラーです。

「ピラミッドのタテ方向の階層はどれくらい必要なのか?」と思うかもしれません。これについては、主張を示す相手がどこまで「Why so?」と聞いてくるのかを判断基準にします。相手の立場、例えば同僚なのか、直属の上司なのか、社長なのかによって、聞いてくるレベルは異なります。それは物事を見る視座（高さ）や視野（広さ）が異なるためです。主張が所属している部署の人相手であれば、あまり「Why so?」をたくさん問われることはないかもしれませんが、社長が相手だったり、他社への提案だったりすれば、さらにたくさんの鋭い「Why so?」が出てくることが想定されます。

私は、相手の「なぜ?」に5回以上答えられることを目安にするとよいと考えています。ピラミッドのヨコ方向の作り方については後述しますが、だいたい3つ程度にします。その3つの「なぜ?」に加えて、予備として2つくらいの「なぜ?」に答えられると説得力があ

図表 4-3　タテ方向の作り方

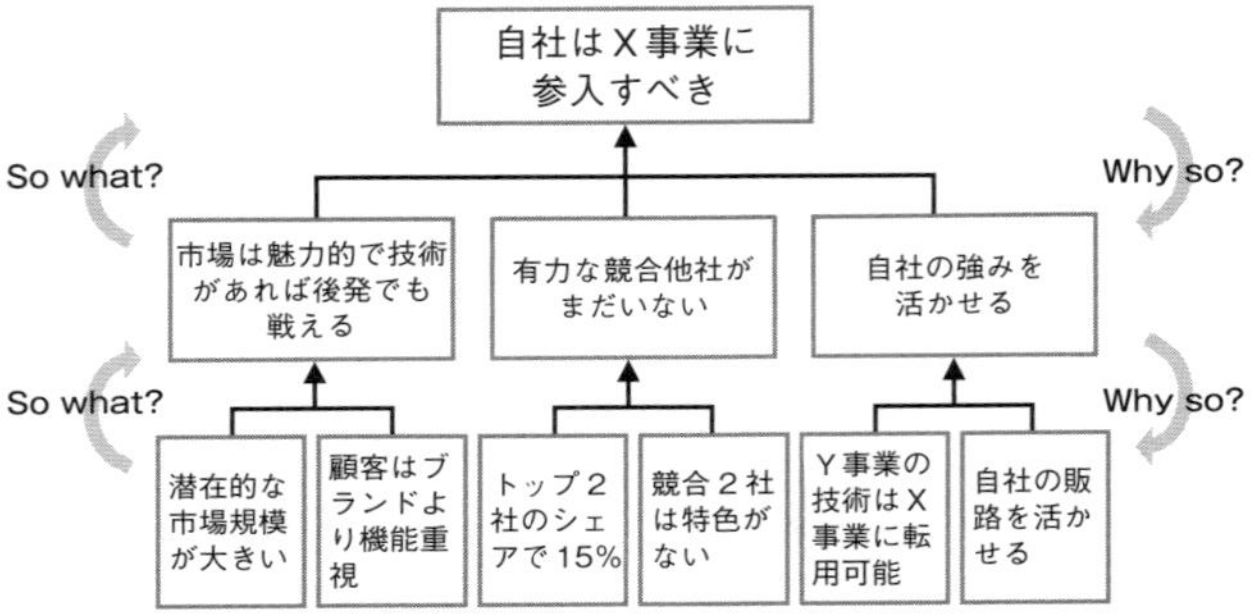

り、信頼性が高まります。

相手がどんな「なぜ？」を問うてくるか考えるには、自分一人で想像するだけではなく、誰かと一緒に考えることも有効です。なるべく数多くの「なぜ？」を洗い出しておけば、想定外の質問を受けてあわてるということが減ります。

また、自分では触れたくないことが、相手の聞きたいことそのものであることは多いものです。自分が言いたいことを相手も聞きたいだろうと、初めから決めてしまうのではなく、視座と視野を相手に合わせて、本当に相手になったつもりで「なぜ？」を考えましょう。ただし、すべての「なぜ？」への回答を文書に含めると膨大になってしまいますから、本編に含めるもの、添付資料に含めるもの、口頭説明で付け加えたり、質問が出たら答える想定質問集に含めたりするもの、問い合わせがあったら参照する文書などに振り分けていきましょう。

ヨコ方向の作り方――相手の感情に染み入る構成にする

次にヨコ方向の展開ですが、いくつかのパターンがあります。まず1つ目は「時間の順序」です。これは理解しやすいと思いますが、過去・現在・未来や、分析・立案・実行など作業の流れで構成します。2つ目は「重要度の順序」です。重要な順に根拠を述べていきます。例えば、あるアプリケーションソフトを導入すべきであるという主張に対して、「必要な要件を満たしている」「費用対効果は高い」「導入実績も豊富」という流れにします。この例では、アプリケーションソフトはまずは機能要件を満たしていなければならないという前提からこうしていますが、ほかのものであれば、重要度の順番は変わってくるでしょう。

3つ目は「構造の順序」です。ビジネスではフレームワークを使うとよいでしょう。フレームワークとは、ビジネス上の問題解決に用いる思考・検討の枠組みのことで、過去の試行や経験を通して、切り口が有益であることが証明されています。つまり毎回、ゼロから検討の枠組みを考えずとも、活用できる資産ということになります。フレームワークを活

図表4-4　ヨコ方向の作り方

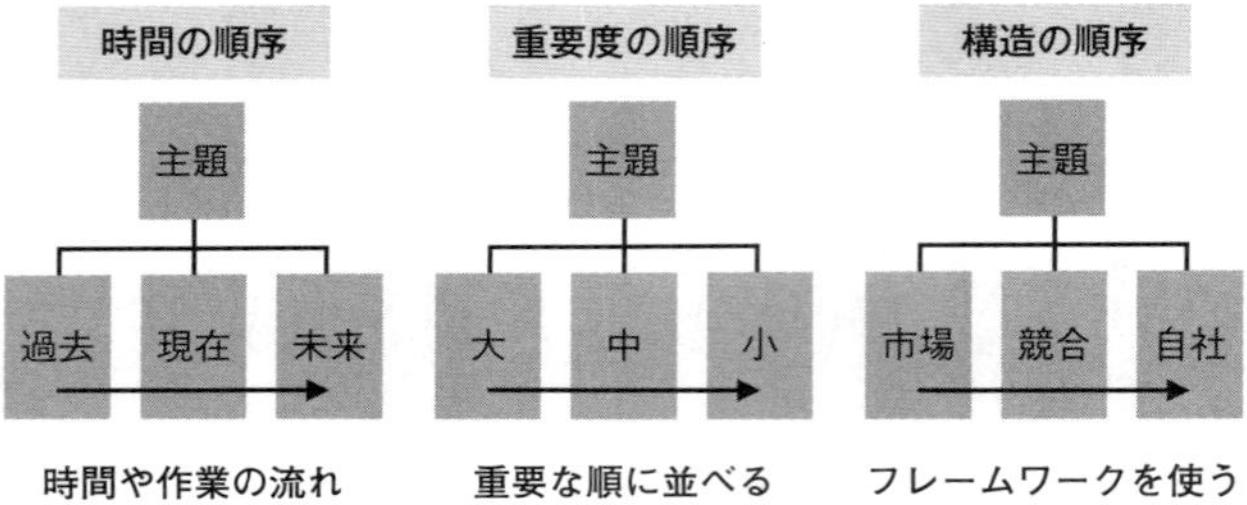

用するメリットは3つあります。

1つ目は、相手の理解が早まるという点です。相手にとって既知である検討軸を活用することによって、理解してもらうスピードを上げることができます。2つ目は、検討事項の抜け漏れを防げることです。検討項目に大きな抜け漏れがあると、企画の信頼性が損なわれるおそれがあります。例えば、プロモーション企画を立案する際には、製品、価格、流通、プロモーションを示す4Pというフレームワークを活用することによって、大きな抜け漏れを防ぐことが可能です。

3つ目は、検討軸の「レベル感」がそろうことです。レベル感とは、規模、粒度、程度などをまとめた言い方です。レベル感がそろっていないと何が不都合なのかというと、文書の中で大きな話と小さな話が混在する、つまり、あちこちに話が飛ぶことになり、筋道がわかりにくくなります。

フレームワークの構成要素はおおよそのレベルがそろって

図表4-5　代表的なフレームワーク

戦略系	3C、SWOT、PEST、5Force、アンゾフの成長マトリクス、PPM、企業ピラミッド、BSC、7S、バリューチェーン
マーケティング系	4P/4C、AIDMA、プロダクトライフサイクル、イノベータ理論
管理・一般系	5W1H、PDCA、QCD

いることが実証されているため、安心感があるわけです。創造性を発揮して独自の検討軸をつくり出すことはすばらしいことですが、まずは先人の知恵であるさまざまなフレームワークを学び、文書に合わせて使いこなすことから始めるとよいでしょう。

では、いくつかフレームワークを紹介します。79ページ以降のフレームワーク集も参照してください。

まず、経営や事業戦略の立案で活用される代表的なものに、3C（Customer：顧客、Competitor：競合、Company：自社）、SWOT（Strength：強み、Weakness：弱み、Opportunity：機会、Threat：脅威）、PEST（Political：政治的、Economic：経済的、Social：社会的、Technological：技術的）、5Force（売り手の交渉力、買い手の交渉力、業界内の競争、新規参入の脅威、代替品の脅威）などがあります。

ＰＥＳＴや5Ｆｏｒｃｅはよりマクロな事業環境を見る視点を提供していますので、なかなか活用シーンはないと思われがちですが、この視点を意識して意見やアイデアを考えておけば、企画書のプレゼンテーションや質疑応答で指摘があった際にもあわてずにすむでしょう。

次に、マーケティング関連の文書で活用頻度が高いものは、売り手視点での４Ｐ（Product：製品、Price：価格、Place：流通、Promotion：プロモーション）ですが、より顧客視点に立って、４Ｃ（Customer Value：顧客価値、Customer Cost：コスト、Convenience：利便性、Communication：コミュニケーション）という切り口で顧客のメリットを検討するフレームワークもあります。フレームワークは、このように誰の視点で検討するのかも重要です。

管理系のフレームワークもいくつかあげると、ＰＤＣＡ（Plan：計画、Do：実行、Check：評価・管理、Act：対応・改善）とＱＣＤ（Quality：品質、Cost：コスト、Delivery：納期）があげられます。また5Ｗ１Ｈ（Why / What / Who / When / Where / How）なども頻繁に使われます。５Ｗ１Ｈは、仕事をとらえる基本的なフレームワークですが、ビジネスコミュニケーションだけではなく、事業計画などにも活用できるもっとも汎用的なフレームワークの1つです。

ヨコ方向の順序を考えるにあたり、考慮すべきなのが「相手の感情に染み入るか？」という点です。例えば、「小売店の店主を納得させて、新製品の洗剤を置いてもらう」という目的なのに、3Cの切り口で小売店の店主に説明しても、相手の感情には染み入らないでしょう。店主が聞きたいのは、そんな壮大な戦略ではないからです。

したがって、こういう場合は、小売店の店主の立場に立って、もっとも店主に響く順序やフレームワークを選び、表現を変える必要があります。「①週間の売上は？」「②粗利は？」「③バイトでも売れる？」などです。ここで大上段に構えた表現をしては、論理的に正しいと認識しても、感情的に受け入れがたいことになるのです。プロファイリングデータをもとに、何が染み入るのかを考えましょう。

あくまでも相手の論理に添う

ピラミッドを構成するにあたりもっとも考慮すべき点は、相手の論理で展開することです。例えば、相手から依頼されて、検討の結果、「対応しない」という回答書を作成する場合を考えてください。

まず、自分論理で構成すると、主張は「対応できません」となり、根拠は、①当社は予算がなく人が当てられない、②納期を守ることは不可能、③追加費用が必要、④すでに仕様は合意ずみのはず、となります。この時点で「やる、やらない」の押し問答が想像されるメッセージです。

これを相手論理で構成してみましょう。まず、主張は「対応すべきではありません」となり、相手のために対応すべきではないという論理として展開し始めます。「対応しないほうがよい根拠」として、①要員補充をする場合は再来週以降になる、②要求に対応すると御社にXXの工数がかかり、今週中に実施しないと稼働日が遅れるリスクが高まる、そして、「対応しなくても大丈夫な根拠」として、③新システムでその現象の発生頻度は減る、④起きた場合でも運用で対応可能、とします。

どうでしょうか？　同じ「対応しない」ということを伝えるメッセージなのに、受け入れやすさが違うと思いませんか？　人はついつい自分の論理で考えがちですが、文書はあくまでも相手にメッセージを伝え、動いてもらうもの。相手の論理で表現しなくては、動く気になれないのです。

文書の設計図であるストーリーボードを作る

伝えるべきメッセージが明確になったら、相手が理解しやすいように情報の順番を決めて、ストーリー仕立てにします。そのためのツールがストーリーボードです。

ストーリーボードは、文書の全体像を示した設計図です。箇条書きや文章でストーリーを考えることも可能ですが、ストーリーボードは全体のボリュームや構成が一目で把握できるのでおすすめです。頂点にメインメッセージ、その下にサブメッセージを配したピラミッド構造、さらにその下にセクション、いわゆる文書の章立てを作っていきます。

メインメッセージとサブメッセージからなるピラミッド構造がそのまま資料の構成になると思われることが多いのですが、そうではなく、これとは別にセクション（章立て）を作ります。メインメッセージを効果的に伝えるためには、メインメッセージからサブメッセージへと展開する方法もあれば、サブメッセージを個別に説明したあとで、メインメッセージに上げていくほうが適した場合もあるからです。

ターゲットによっても、背景からきちんと順を追って説明したほうがわかりやすい人と、結論を先に述べてほしい人がいます。相手が結論から聞きたがる人であっても、現状を正しく認識してもらわないと意思決定を間違える可能性があります。その場合には、現状をわかってもらうための工夫を一手間かける必要が出てくるでしょう。プロファイリングシートをベースに、そのターゲットやシチュエーションに合わせて章立てを考えていきましょう。

セクションは、各スライドの概要とそこで説明したいメッセージを組み合わせて作っていきます。文書をわかりやすくするコツは、要所に「山場」を盛り込むことです。一定時間同じような情報や表現が続くと、読んだり、聞いたりしているほうはどうしても退屈してしまいます。相手へ説明することを思い浮かべながら、セクションを立てていきましょう。

実際にはストーリーボードを作る人はわずかで、パソコンで文書を作成しながら章立てを考える人がほとんどでしょう。しかし、経験上、スピードという点では、ストーリーボードまで手書きしてからパソコン作業に入るほうが圧倒的に速いと言えます。

伝えたいことがわかっていないと、ストーリーボードは作れません。何を言ってよいかわからないけど、とりあえずパソコンを立ち上げて、以前作った文書をコピーして、ネットで検索して、データで埋めて……とやっていくと、体裁はそれなりに整うかもしれませんが、相手に伝わる文書という点では及第点に届かないでしょう。

ここまではぜひ、手書きで作ることをおすすめします。

図表 4-6　フレームワーク集：戦略系①

	3C
フレームワーク図	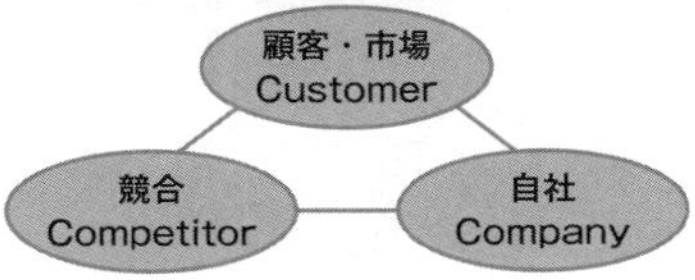
概要	ミクロな経営環境を構成する顧客、競合、自社の3つの視点から成功要因を見つけ出し、自社の戦略に活かす
活用	経営環境分析
分析ポイント	**■顧客・市場** 購買人口の規模、市場成長性、購買決定プロセス、購買意思決定者、価格や品質に影響を与える要因 **■競合** 競合他社の数、寡占状況、参入障壁、競合の戦略、経営資源と強み・弱み、競合の業績 **■自社** 業績、経営資源と強み・弱み、戦略方向性、競争優位性

	SWOT
フレームワーク図	（下表）
概要	経営戦略・計画を策定するために、自社の内部環境（経営資源）と外部環境（経営を取り巻く環境）両者の分析を統合的に行うフレームワーク
活用	経営環境分析
分析ポイント	**■強みと弱み** 競争相手と比較した相対的なもの。自社の強みだと思っていても、競争相手のほうが勝っていれば強みにならない。また、強みは技術革新による陳腐化などで瞬時に強みではなくなることもありうる。 **■機会と脅威** 機会は「活用すれば業績が拡大する外部環境の変化」で、脅威とは「放置すると業績が悪化する外部環境の変化」。「業績にプラスと思われる外部環境の変化＝必ずしも機会にはなりえない」ことに注意する。

SWOTフレームワーク図：

	内部	外部
良い	Strength 強み	Opportunity 機会
悪い	Weakness 弱み	Threat 脅威

図表 4-7　フレームワーク集：戦略系②

PEST

フレームワーク図

概要

外部環境要因の中でも、マクロな政治、経済、社会、技術の 4 つの要因が自社や事業に何をもたらすのかを予測する

活用

経営環境分析／戦略方向性／新規参入の是非の判断

分析ポイント

■政治
政権交代、政府方針転換、法律是正、規制緩和・強化
■経済
景気動向、物価変動、GDP 成長率、失業率、生産指数、住宅着工数
■社会
人口動態（少子高齢化）、文化、教育制度、ライフスタイル変化
■技術
新技術誕生、普及

5 Forces

フレームワーク図

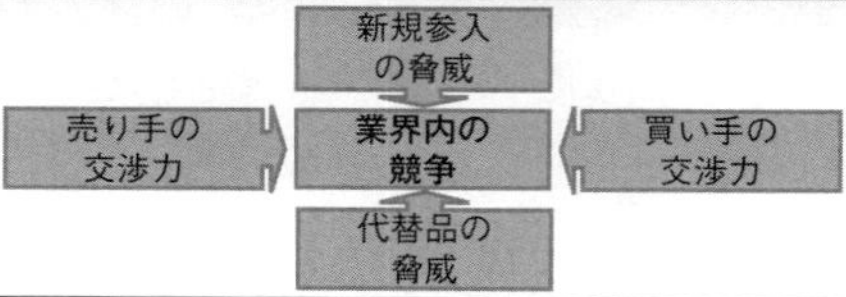

概要

マイケル・E・ポーター氏が提唱した事業が置かれている業界や競争環境の分析用 FW。要因別に競争相手および基準を明確にし業界の魅力度を把握する

活用

経営環境分析／新規参入の是非の判断

分析ポイント

競争が激しくなりやすい業界の特徴は以下のとおり。
・同業者が多い
・成長の速度が遅い
・高コスト構造
・差別化しにくい
・生産能力の拡大が容易
・戦略のバラエティが豊富
・戦略と成果の因果関係が大きい
・撤退コストが大きい
・参入障壁が低い

図表 4-8　フレームワーク集：戦略系③

アンゾフの成長マトリクス

フレームワーク図

	既存商品	新規商品
既存市場	市場浸透	新製品開発
新規市場	新市場開拓	多角化

概要	米国経済学者アンゾフが市場と製品の視点から４つの成長戦略に分類したもの。それぞれの象限に戦略方向性が定義されている
活用	成長戦略の検討
分析ポイント	■市場浸透戦略 シェアを高め、収益性を高め企業を安定させる ■新製品開発戦略 同じ顧客に対して、高機能製品や低機能低価格商品、補完材などニーズに合わせた商品を提供 ■新市場開拓戦略 販売エリア拡大、機能を変えずに別のセグメントに販売など ■多角化戦略 多角化のタイプをさらに以下の４つに分類 水平型、垂直型、集中型、コングロマリット

PPM
Product Portfolio Management

フレームワーク図

市場成長率 ＼ 相対市場シェア	高	低
高	花形 Star 成長期待	問題児 Question Mark 競争激化
低	金のなる木 Cash Cow 成熟・安定利益	負け犬 Dog 停滞・衰退

概要	ボストン・コンサルティンググループが考案した自社全体の事業を俯瞰する FW。自社における各事業のキャッシュ貢献度を明らかにする
活用	事業分析／新規参入・撤退の是非の判断
分析ポイント	■花形 大きな利益が出る一方で投資が必要であり、最終的には金のなる木に育てる事業戦略をとる ■金のなる木 市場成長は期待できないため、新規投資を最小限に抑える戦略。企業の安定性の要 ■問題児 早期集中投資をして「負け犬」にならないうちにシェアを拡大 ■負け犬 基本的には撤退や売却。早期に見切りが必要

図表 4-9　フレームワーク集：戦略系④

	企業ピラミッド
フレームワーク図	
概要	企業の形を俯瞰するFW。企業理念から一貫した意思決定プロセスや組織を組み立てるための基本構想を整理する
活用	ミッションや戦略、オペレーション方針の検討 戦略立案から実行までの計画・管理
分析ポイント	**■企業理念** ミッション＝企業の存在理由や使命、ビジョン＝将来像 **■事業目標・戦略** ・事業目標＝企業理念を実現するために達成すべき目標を数値で示す（長期・中期・短期など） ・事業戦略＝目標を達成するために何をすべきか、目標と現実のギャップをどう埋めていくかの方針 **■業務行動計画** 策定した戦略を戦術として練り、具体的な行動計画に展開し、目標を部門・個人に落としこみ管理できるレベルにする

	BSC Balanced Score Card
フレームワーク図	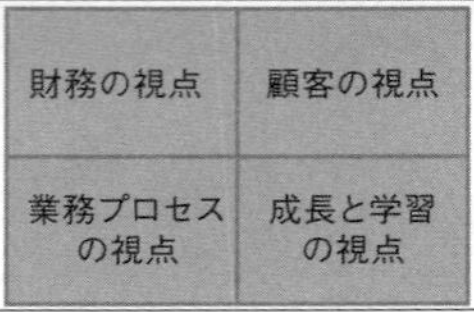
概要	財務、顧客、業務プロセス、成長と学習という4つの視点から戦略がどのように実行できているかを評価するFW。財務だけに偏らず多面的に評価する
活用	戦略立案から実行までの計画・管理
分析ポイント	各視点ごとにCSF（重要成功要因）を定め、指標を決めて管理する。各種指標の代表的なものは以下のとおり。 **■財務** 売上高、利益、キャッシュフロー、ROEなど **■顧客** リピート率、顧客満足度 **■業務プロセス** 開発スピード、納品リードタイム、クレーム処理時間 **■学習と成長** 研修実施回数、特許出願数

図表 4-10　フレームワーク集：戦略系⑤

	7S
フレームワーク図	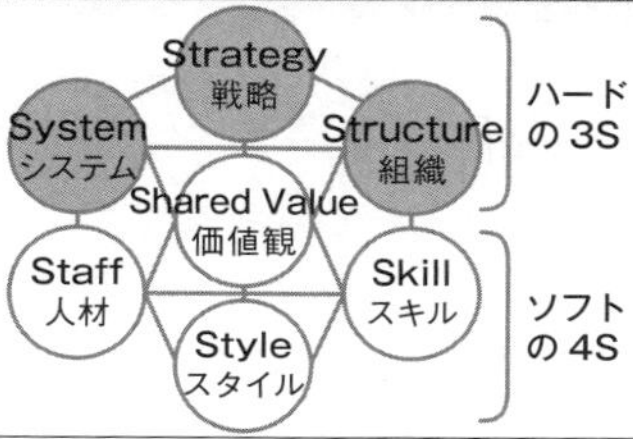
概要	マッキンゼーによって提唱された7つのハード資源とソフト資源によって企業戦略や組織を検討するFW
活用	ミッションや戦略、オペレーション方針の検討、 戦略立案から実行までの計画・管理
分析ポイント	変更可能なものから順に並んでおり、ハードの3Sは企業努力で構築・変更が可能でソフトの4Sは時間がかかって醸成されるもの ■戦略：競争優位性を確保する強化活動、事業方向性 ■組織：組織構成 ■システム：人事評価制度、報酬制度、会計制度 ■価値観：従業員の共通価値観 ■スキル：組織的な営業力、技術力、マーケティング力 ■人材：個々人の能力 ■スタイル：社風、文化
	バリューチェーン
フレームワーク図	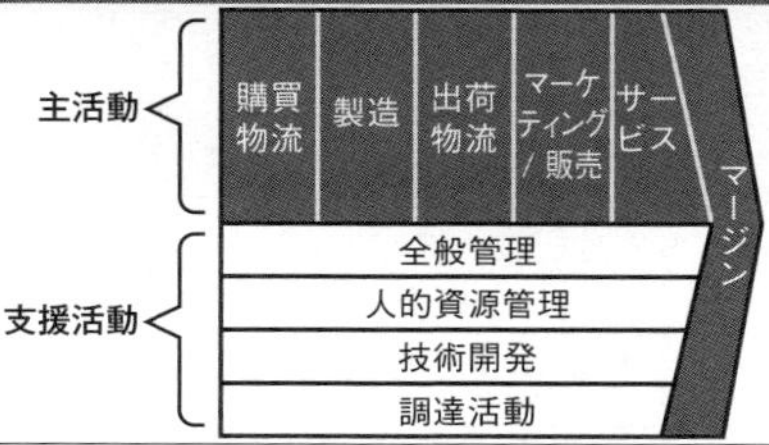
概要	マイケル・E・ポーター氏が提唱した業務プロセスで、価値を生み出しているかを分析するためのFW。どこに成功要因があるのかを見つけ出すのに有効
活用	業務プロセス、事業活動の分析・検討
分析ポイント	業界・企業ごとに異なる。 顧客の視点から見て、「本当に価値のあるプロセス」を見つけて、それを強化し、「不要なプロセス」を排除・簡略、アウトソーシング化して低コスト化し、価値の連鎖を再構築する

図表 4-11　フレームワーク集：マーケティング系①

4P/4C

フレームワーク図

4P

Product 製品	Price 価格
Place 流通	Promotion プロモーション

4C

Customer Value 顧客価値	Customer Cost コスト
Conveni-ence 利便性	Communi-cation コミュニケーション

概要

売り手視点での4つのPをミックスさせるマーケティングミックスのFWと、それを顧客視点で4つのメリットを検討するための4つのCというFW

活用

マーケティング戦略・計画立案

分析ポイント

■ Product/Customer Value
機能、品質、デザインなど
■ Price/Customer Cost
小売価格、卸価格、割引率、支払期限、契約期間など
■ Place/Convenience
販売チャネル、物流、エリア、品ぞろえなど
■ Promotion/Communication
広報、パブリシティ、広告、販促、対面販売、口コミなど

AIDMA

フレームワーク図

概要

サミュエル・ローランド・ホールが提唱した消費者の購買活動における心理プロセス。4Pと並び、マーケティング分野の定番FW

活用

マーケティング戦略・計画立案

分析ポイント

ある商品を知ってから購入するまでの5つの心理段階のプロセス。1920年代のモデルであるが、現在でもAISAS* など形を変えつつも活用されている。

*AISAS

図表4-12　フレームワーク集：マーケティング系②

	プロダクトライフサイクル
フレームワーク図	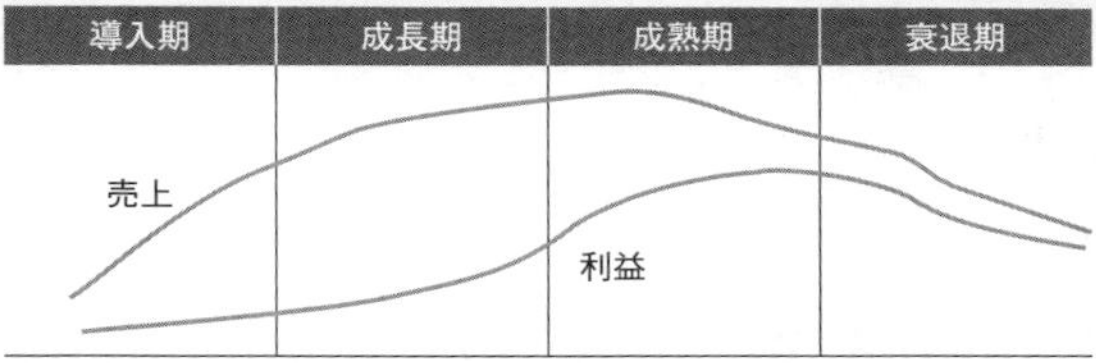
概要	製品・サービスの寿命を4つのステージに分けて、各ステージにおける投資やマーケティング戦略の立案に活用する
活用	投資判断、マーケティング戦略・計画立案
分析ポイント	**■導入期** 製品が投入され、認知されるために投資が重要な時期 **■成長期** 売上が伸び、新規参入が出てくるため追随されないよう営業強化や設備強化を図る **■成熟期** 市場成長が鈍化し、シェアを奪い合う低価格競争が起こり始める **■衰退期** 撤退のタイミングを検討する

	イノベータ理論
フレームワーク図	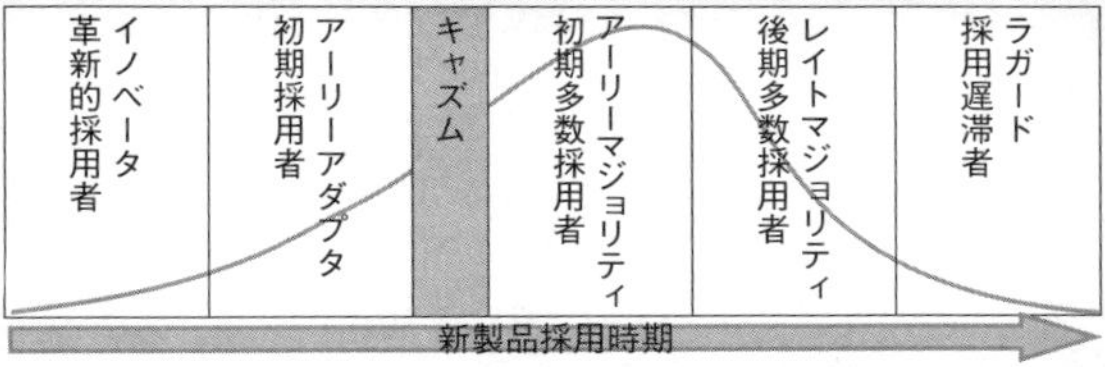
概要	ジェフェリー・ムーアによって考案された、新技術によってもたらされた製品が市場でどのように受け入れられるかを理解・検討するFW
活用	マーケティング戦略・計画立案
分析ポイント	**■イノベータ** 新技術を追い求める層 **■アーリーアダプタ** イノベータほど技術志向ではなく、メリット、目新しさに反応して初期に購入する層 **■アーリーマジョリティ** 技術よりもあくまでも実用性を重んじる層。アーリーアダプタとの間にある深い溝をキャズムと呼び、これを超えられるかどうかが収益の分かれ目

図表 4-13　フレームワーク集：管理・一般系①

5W1H

フレームワーク図

Why	何のために？　なぜ？
What	何を？　何が？
Who	誰が？　誰に？
When	いつ？
Where	どこで？
How	どのように？　いくらで？　どれくらい？

概要	仕事をとらえる基本的な FW。ただし、「5W1H」という言い方は日本独自の言い方
活用	ビジネスコミュニケーション、仕事の進め方の検討
分析ポイント	5W1H で整理した情報は、議事録や業務プロセスマップなどわかりやすいフォーマットに反映する

PDCA

フレームワーク図

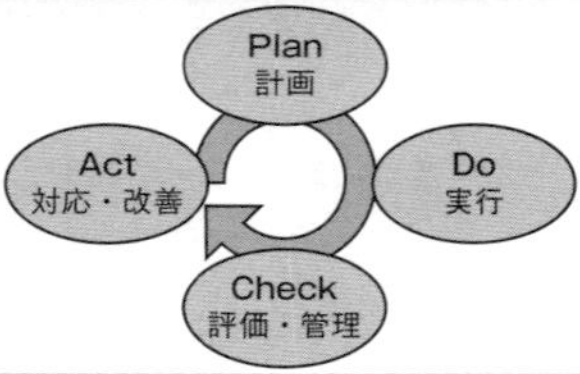

概要	品質管理の仕組みを構築したウォルター・シューハート氏らによって提唱された FW
活用	業務全般の管理
分析ポイント	目標をできるだけ数値化し、達成できているかを評価基準として設定し、継続的にサイクルを回す

図表 4-14　フレームワーク集：管理・一般系②

<table>
<tr><th></th><th>QCD</th></tr>
<tr><td>フレームワーク図</td><td>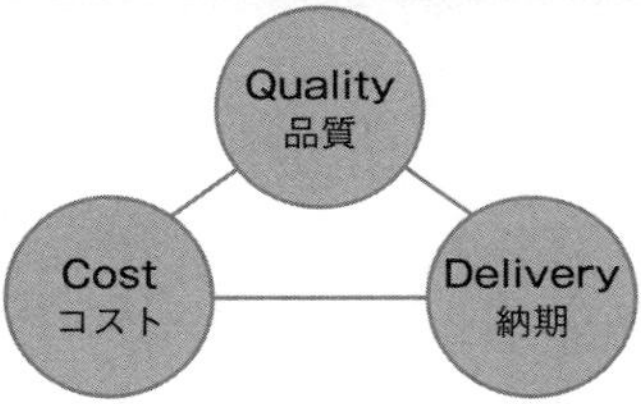</td></tr>
<tr><td>概要</td><td>価値提供において、バランスを取る3つの視点を提供する FW</td></tr>
<tr><td>活用</td><td>業務管理、プロジェクト管理</td></tr>
<tr><td>分析ポイント</td><td>3つは関連性があるため、何を優先させるのかを明確にし、バランスを保ちながら担保する</td></tr>
</table>

第5章

共有文書の書き方

議事録が書けない3つの原因

共有文書とは、相手に対して決定事項や確認事項を知らせるための文書で、具体的には議事録や告知文書、通達文書などです。若手社員の方は、まずは議事録取りから始める人も多いでしょう。

これらの文書は会社や部署で書式（フォーマット）が決まっている場合が多く、白紙状態から作成することはそれほどないかもしれません。しかしながら、何も考えずに漫然とそれらを埋めるだけでは、ロジカルな文書作成力は身につきません。私は長年多くの新人教育にたずさわってきましたが、年々「議事録も書けなくて困る」という現場からの声が増え、議事録作成の研修を徐々に手厚くせざるをえなくなりました。

議事録フォーマットは、日時、参加者、議事内容、決定事項、ＴｏＤｏ（やるべき事項）の欄など書くべきことがある程度、明確に規定されているにもかかわらず、なぜ議事録も書けないと言われてしまうのでしょうか。

その原因は、いくつかあります。１つ目は、何が書かれていればよいのかという「要件」を理解できていないこと、２つ目は、内容の理解など「準備」が不足していること、３つ目はビジネスにおける基本的な「表現」を知らないことです。

これは議事録に限らず、告知文書を書く場合でも同様です。新製品発表会の告知文書などフォーマルで難易度が高い文書だけではなく、部署の歓送迎会の案内メールなど比較的カジュアルな文書でさえ、読みにくい、説明不足、物言いが失礼で不愉快、細切れに何度も追加案内をよこして迷惑……などの思いをしたことがある人が多くおり、「こんなものさえまともに書けないのか」という声も聞きます。

私自身も、歓送迎会の幹事が出したメールを修正させたことがあります。前述の議事録が書けない理由であげたのと同様に、「要件」「準備」「表現」のいずれかが原因という場合もありますし、雑用という認識で軽く考えて手間を惜しんでいる場合もあります。

このように、共有文書のような短い文書でも、相手が気持ちよく動こうと思うものと、不快に感じたり面倒に感じたりするものが確実に分かれます。歓送迎会の案内文書1つでも差が出るというのは恐ろしいことです。小さな文書やメールの積み重ねによって、ビジネススキル、コミュニケーション、ひいては仕事の成果に大きな差が出てくると考えられるからです。これらの文書がまともに書けずに、提案書や企画書など、相手を動かすことがはるかに難しい文書を作成できるようにはなりません。

誰が書いても同じではない

ちなみに、ここまで読んで、「議事録や案内文書などは誰が書いても大差ないのでは?」と考えた方は、文書作成力を伸ばすにあたり、認識を改めたほうがよいかもしれません。なぜなら、良い文書と悪い文書がわからないということですから、自分も悪い文書を作成している可能性が高いのです。

私は、コンサルタントとして、あるいはプロジェクトマネージャーとしてメンバーの議事録を確認・承認する立場にありましたが、議事録を見れば、その人の力量はほぼ読めました。初めからほぼ無修正でお客様に出せる人と、真っ赤に添削される人がいましたが、一番問題だったのは、添削された人の中でも、次も同じ間違いをしてくる人です。

このタイプの人は、文書に限らずコミュニケーション全般において雑です。また、人に直してもらうということは、その人の時間を奪うということです。このことを認識せず同じ間違いを繰り返すのは、コスト意識にも欠けています。なぜ修正されたのかをきちんと受け止められなければ、相手を動かす文書は作れません。

近年、ビジネスの現場が目まぐるしく動くため、添削して指導をする先輩や上司が少なくなったという話をよく耳にしますが、書いた本人に伝えずに、修正して提出している方は多いのではないでしょうか。提出したら仕事はおしまいではなく、修正された箇所は必ず確認し、同じ間違いを繰り返さないようにしましょう。修正されるということは、大きな成長のチャンスです。ありがたく活かさなければもったいないのです。

議事録の作り方――議事録を制する者は会議を制す

では、これから共有文書の作成の仕方を見ていきましょう。議事録と告知文書とで、それぞれに求められる「要件」、作成するにあたって必要な「準備」、基本的な「表現」の３つの項目を説明します。「要件」「準備」「表現」は、私が文書作成を指導する際に使っていたフレームワークです。

そもそも何を作成するかの基準がわかっていない場合には、目的・ゴールに加え、文書が満たさなくてはいけない要件を徹底的に理解する必要があります。要件を理解しているのに作成できない場合は、情報収集や関係者の合意確認など準備に問題があるので、１つ１つしなくてはならないことを確認します。

ここまでは実際にパソコンで文書を作る前の段階ですが、ここでつまずいている場合では、いくら表現を改善しても文書として完成しません。文書作成の指導をする方は、この順番で確認することをおすすめします。

私は中途でコンサルティング会社に入社しましたが、入社して2日目にあるプロジェクトにアサインされ、初めて参加した会議で「議事録取って」と言われ、たいそうあわてました。幸いにして、書いた議事録を懇切丁寧に添削してくださるマネージャーだったので、その一度目の議事録でかなりのことを吸収することができ、次からはほぼ無修正で出せるようになりました。

初めての業界、初めての業務、初めての参加者という、初めて三拍子で議事録を作成するのは冷や汗ものですが、準備をすれば決して不可能ではありません。「議事録を制する者は会議を制する」と言われるのは、記録マシンのような受け身の姿勢ではなく、自ら会議の流れに関与していくことが必要だからです。会議の流れを把握し、抜け漏れなく決定事項を押さえる議事録の作成方法を見ていきましょう。

（要件）決定事項・議論の流れ・スピード

まず、議事録には何が求められるのでしょうか。要件は３つあります。１つ目は決定事項が把握できることです。至極当たり前のことのように思えますが、会議後に「で、何が決まったんだっけ？」、会議後しばらくたってから「え、私がそれやるの？　いや、そういう認識じゃなかったんだけど……」という言葉が飛び交うことも少なくありません。これは第一の要件が満たせていないということになります。

決定事項が、誰が見ても読み違えないように書かれていることはもっとも重要な要件です。議事録は証拠としても使用され、お客様や取引先など社外関係者との打ち合わせの議事録は非常に重要な意味を持ちます。合意事項に関する認識の不一致は、場合によっては訴訟という最悪の事態に至ることもありえます。日時、場所、参加者、使用した資料など事実を明記するとともに、責任者が目を通し、この議事録に書かれていることに合意したという過程もわかるよう設計されていなくてはなりません。

２つ目の要件は、なぜそう決まったのかという議論の流れ、つまり論点と経緯がわかることです。議事録は、参加した人はもちろん、参加しなかった関係者も読みます。どちらにとっても決定事項に対する理由、結論に至るまでの経緯が把握できるものでなくてはなりません。

参加しなかった人が議事録を読んだにもかかわらず、「何でそうなったの？」と質問するようでは、要件を満たしているとは言えないのです。そのためには、発言順、つまり時系列で会議の発言を記すのではなく、論点ごとに結論と経緯を整理して書くことが求められます。会議での議論があちこちに発散したとしても、議事録が発散していてはいけないのです。そのためには、「今、何の話をしているのか？」「結論は何か？」「論点が何で、理由は何だったのか？」を常に考えながら議事メモを取っていくことが必要になります。次の準備の項で、そのやり方を見ていきましょう。

3つ目の要件はスピードです。議事録は、ビジネス文書の中で、共有されるまでのスピードがもっとも重要な文書と言えます。会議後、何日もたって配布しても、読まれる確率が下がり、価値も下がってしまいます。また、すぐに行動を起こさなくてはならない人が、行動を始めていないという進捗の遅れにもつながります。参加者の会議の記憶も薄れてきているため、議論の流れを思い出したり、再度確認をしたりするなどムダな時間を使わせてしまうことにもなります。せっかく多くの人が集まり、議論をした時間をムダにするのはコスト意識に欠けています。

可能であれば当日中、遅くても翌日の朝までには関係者に届いていることが求められるでしょう。

（準備）コスト意識と責任感

議事録に求められる要件が理解できたら、どうやったらその要件を満たす議事録を作成できるのかを見ていきましょう。文書作成の準備事項をあげていくこの項は、基本的な考え方である「マインド」と「フレームワーク」、「情報収集」「ストーリー」という4つのフレームワークで準備すべきことを紹介します。

〈マインド〉

マインドというと大げさに思うかもしれませんが、文書を作成する際に常に心がけることという意味でお考えください。

議事録作成に必要なマインドは、コスト意識と責任感です。議事録作成者は、高い記録マシンではありません。会議の参加者の一人であり、会議の決定事項を確実に実行させる責任があります。会議の参加者の時給×時間を足し合わせれば、その会議にかかる費用が算出されます。場所など設備費も入れれば、決して少額ではありません。同じ会議を二度することはないので、「聞き漏らしてメモが取れませんでした」ということのないように準備しましょう。

お客様との会議に若手社員が議事録取りとして同席させられることがよくありますが、お客様によっては、「単なる記録担当だったら同席不要。その人件費がコストにのせられて、高い料金を取られるのでは？」と考える人もいます。発言もせず、価値のないメモを作成しているだけと思われないような心がけが必要なのです。

議事録1つでだいぶ大きな話になってきましたが、このような心がけがあって作成する場合とそうでない場合には、品質が圧倒的に異なることをご理解ください。では、コスト意識と責任感を持って具体的にとるべきステップを、次の項から説明します。

〈フレームワーク〉

まず、フレームワークですが、作成にあたり、収集する情報を収めてまとめていくための箱だと思ってください。これをきちんと準備しておけば、あわてずに会議や文書作成にのぞめるようになります。準備をせずにのぞむと、整理に時間がかかるだけでなく、確認しなく

図表 5-1　議事録のフレームワーク

項目	内容
A. 基本情報	会議名・日時・場所・参加者・議題一覧（アジェンダとも言います）・使用資料・作成者・承認者などの会議の基本情報
B. 目的・ゴール	何を決めるために集まったのか
C. 議事内容	議題・議論の流れ・結論・合意の有無
D. 決定事項	最終合意事項、ToDo

てはならないことが何だかわからず抜け漏れが生じてしまい、会議の意味自体を損ねてしまうことにもなりかねません。

議事録には、すべての発言を記す逐語録、決定事項のみを記す合意メモ、議事の要点をまとめた議事要約録などいくつか種類がありますが、本書では議事要約録について説明します。

議事録のフレームワークとしては、図表5-1のものがあります。業務やフォーマットによっては、さらに付加される項目や省略される項目もありますが、文書上に表記するかどうかに限らず、自分で意識して情報を集めておいたほうがよいでしょう。

このフレームワークの中で、何を決めるために集まったのかというBの目的・ゴールはとても重要です。うやむやにとにかく参集される会議だと不明確なことも多いのですが、会議の開始前に、何を決めるのかを確認しましょう。会議後に迅速な行動に移るためには、合意事項に加えて、「ToDo＝誰がいつまでに何をするのか」を明確にします。このフレームワークを埋めようという意識で会議に参加すると、会議で自分が確認すべき事項がわかり積極的に関与できます。

〈情報収集〉

フレームワークを準備したら情報収集です。複雑な議論についていくために、事前に入手できる情報で項目を埋めたり、予測を立てたりしておきます。

まず、会議の前にすることは3つあります。1つ目は、参加者の把握です。参加者の役職や立場を把握することで、どのような意見が出るのかをあらかじめ予測します。キーパーソン（意思決定者）は誰なのか、異論を唱えそうな人は誰なのかを考えることは、議論の流れを把握する上でとても役立ちます。

2つ目は、資料が事前に入手できれば、目を通して前提知識を吸収しておきましょう。話が飛んだ場合でもついていけます。3つ目は、合意事項の予測です。決まるまでを漫然とながめるのではなく、何が決め手となってどう決まるのかを考えておくことは、ビジネスコミュニケーションスキル全般を高める上でも重要ですし、決定事項やＴｏＤｏの確認の抜け漏れを防ぐためにも役立ちます。

次に、会議中での情報収集ですが、これは議事メモの取り方が大きなポイントです。人数が多い場合には席次表を作り、参加者を略称で記載します。その上で発言をメモしていきます。重要な発言のメモを取れないことは致命的ですから、部門、業務、商品、競合など記載に時間を取るものは、略称を自分で決めてできるだけ早く書けるようにし、自分が記録だけで手いっぱいにならないように工夫しましょう。

パソコンで一心不乱にメモを取っている人を、会議だけではなく、研修や講演などでも見かけますが、「本当に理解しているのだろうか」と話しているほうは不安になります。できるだけ相手を見て話を聞き、メモを最低限の量にしながら、抜け漏れがあってはいけないという真剣勝負です。また、キーボードの音は参加者の集中力を削ぎますので、極力立てないように注意しましょう。

〈ストーリー〉

議事録は、ほかのビジネス文書とは異なり、ストーリーには工夫の余地があまりありません。まず、①議題に対して、②どう議論が展開されたかという流れ、③議題に対する結論、④結論に対して了解が得られたかどうかが、議事録のストーリーとしてはもっとも重要で

図表 5-2　議事録のサンプル

議事録		File Name	AAA	
		発行日	平成25年12月６日	
日　時	平成25年12月５日　10：00−11：00	作成者	山田 太郎	
場　所	Ａ本社　12F　会議室	更新履歴	更新者	更新日
会議名	新規事業市場展開プロジェクト最終報告会	更新・承認	鈴木 花子	12月６日
議　題	プロジェクト最終報告と役員向け報告方針決定			
出席者	【Ａ社】川田部長、太田課長、藤田社員 【Ｂ社】鈴木、加藤、山田			

No.			議　事　内　容	発言者	備考・留意事項	期限
A			会議目的			
	1		本プロジェクトの活動成果最終報告、及び、Ｈ役員へのご説明方針検討			
B			概要			
		a	市場アプローチ全体状況報告			
		b	新規ビジネス展開戦略報告			
		c	Ｈ役員へのご説明方針検討			
C	1		説明及び討議内容			
		a	市場アプローチ全体状況報告 各社別に折衝状況を報告。Ｄ社は遅延しているが、年度内には他社に追いつく予定である。	鈴木	資料：E-1-a 資料：E-1-b	
		b	新規ビジネス展開戦略の最終報告	鈴木	資料：E-1-c	
			■サービス展開について 現在、顕在化しているニーズをワークショップを通じてまとめた結果、３つのモデルが見えてきた。パッケージ連携モデルとパートナー連携モデルを現時点で取り組むべき優先領域とし、将来的には社内システム組み込みモデルの構築へと進むという展開をとるべきである。	鈴木		
			■業界別機能について 各モデル、業界ごとに定義した。また、各業界ごとにオプション機能をまとめた。営業部長に各業界別の必要機能をわかっていただくために、機能一覧を活用していただく。今後ニーズが明確化する度に更新・追加していく。	鈴木		
			■パッケージ連携モデルについて			
			M社では、本システム構想はすでに検討が始まっているのか？	川田部長		
			始まっている。本モデルの実現は新たな収入モデルの構築となるだろう。	鈴木		
			■パートナー連携モデルについて			
			個々のユーザー対応ではなく、大きな網をかけるという斬新かつ有効なモデルの可能性が見えてきた。	鈴木		
			ぜひとも実現化したいビジネスモデルである。	川田部長		
			■社内システム組込みモデルについて			
			難易度の高い領域ではあるが、良いビジネスモデルを描ければ、他社も興味を示すだろう。	鈴木		
			2014年度中には特定顧客でトライアル実施という計画とする。候補顧客リストを作成してほしい。	川田部長		
			了解した。役員向け報告会までに準備する。	鈴木		
		c	Ｈ役員へのご説明方針検討		資料：E-1-d	
			全体として良い成果である。我々によって、新しいビジネスモデルが構築され、受注成果につながったというところを示したい。	川田部長		
			最初に本プロジェクトのミッションと成果を示す資料を追加する形でよいか。	鈴木		
			了解。	川田部長		
D	1		ToDo			
		a	【Ｂ社】 ①候補顧客リスト作成（12/15まで） ②Ｈ役員向けご説明資料修正（12/10まで）			
		b	【5BU】 ①Ｈ役員向け報告会調整（12/12まで）			
E			資料			
	1		B社準備資料			
		a	市場コンタクトリスト.xls			
		b	活動報告書.doc			
		c	ビジネス展開戦略.ppt			
		d	ご説明方針.doc			
	2		Ａ社準備資料 なし			

す。

①〜④について、議論の本質部分をメモから抜粋し、正しさを失わない範囲でギリギリまで情報を編集して見せることが、議事録のストーリーにおける勝負ポイントです。

（表現）正確さの追求

議事録の表現としてもっとも重要なのは正確さです。まず、①「決まったか、決まらなかったのか」を明確にします。「○○までに実行する」「了解した」、合意に至らなかった場合には、「○○は受け入れ不可」「××の条件が整えば了承」などという表現で、決定したこととそれに対する合意を明確にわかるように書きます。

次に、②「あいまいさを排除」し、読み違えを防ぎます。「この件は」ではなく「顧客調査の件は」、「月末までに対応する」は「6月30日（金）までに実施可否をA氏よりメールにて関係者に通達」など、誰が読んでも正確に理解できる表現にします。文章は短くすべきですが、人によって読み違いがないレベルまでは情報を明記しましょう。

最後に、③「話し言葉を読み言葉へ変換」します。例えば、「先に言っとかないと営業部門と面倒なことになる」という発言をそのまま議事録に書いたら大変なことになります。これは、「営業部門に事前確認が必要である」という表現に変えます。議事録がきちんと書けるということは、発言者の意図や真意を損なわずに、ふさわしい表現にするという大人の対応が求められます。書き慣れていない人は、多くの議事録に目を通して表現を学びましょう。

告知文書の作り方――相手にとっての意味は何か

告知文書には、イベントなどの案内や、規則や人事・組織の変更、サーバーメンテナンスなど各種通達、プレスリリースなど社内外への案内文書が該当します。

多くの告知文書は、議事録同様、フォーマットが規定されています。しかしながら、本当にそれだけで、発信者側が意図した行動を相手がとっているかには疑問があります。また、告知文書にありがちな失敗例は、発信者が伝えること自体に大義名分を感じているため、表現が工夫されず、相手に不快感を抱かせるケースです。

無意識で発信すると、それほど複雑な内容ではないにもかかわらず、混乱が起きる可能性を秘めているのが告知文書です。要件、準備、表現の順に、具体的に見ていきましょう。

（要件）事実以上に重要なもの

告知文書が満たすべき要件の1つ目は、伝えるべき事実にあいまいさがないことです。事実に間違いがなく、正確な情報であることが基本です。事実関係にあいまいさがあってはなりませんが、正確さとわかりやすさのバランスを取ることも求められます。

もう1つは、「相手にとっての意味がわかること」です。例をあげて説明しましょう。ある大学のジャーナリスト養成講座の課題で、以下の事実をもとに、学生に伝える案内文の見出しを書くというものです。一緒に考えてみてください。

「A大学の山田学長は、昨日次のように発表した。来週木曜、同大学の教員全員が新しい教授法の研修会を受ける。研修会では、人類学者の権威であるB博士、最新の教育アプローチを開発したC氏が講演を行う」

受講生は何が行われるかを簡潔にまとめましたが、全員が不正解。教師が発表した正解は、「来週木曜日は休校」でした。このエピソードから、受け取る相手にとっての意味が告知文書の重要な要件であることが理解できるのではないでしょうか。教師にとっての告知で

図表 5-3　休校のお知らせの例

学生各位
休校のお知らせ
学生課
6 月 30 日（金）は教授・職員の研修のため、休校になります。
- 振替授業、単位については各担当教授に確認してください。
- 図書館、部室を除いた校舎は施錠されますので、必要な荷物は前日 18:00 までに回収してください。
- 30 日に緊急連絡が必要になった場合には、学生課・XXX（03-XXXX-XXXX）に問い合わせてください。
問い合わせ先：学生課・XXX

あれば日時や講演内容が意味をなすことですし、大学生に対する告知であれば授業がどうなるのか、単位がどうなるのか、学校に入れるのかということが意味のある情報なのです。学生向けの告知文書であれば、図表5－3のようになるでしょう。

告知の対象者に合わせてどういう意味をなすのかを伝えないと、相手にとっては「それで？」(So what?) と認識され、メッセージとして伝わりません。告知文書の奥深いところは、実は、事実よりもこの「相手にとっての意味をなす」という要件なのです。

（準備）相手意識と立場意識

では、告知文書を作成するための準備を、

マインドからストーリーの４つのフレームワークで見ていきましょう。

〈マインド〉

告知文書で心がけるべきマインドは２つあります。「相手意識」と「立場意識」です。相手意識は要件のところで述べたように、自分の伝えたい事実だけではなく、相手にとっての意味が告知文書には求められるからです。政府や官公庁の発行する公文書は、事実を伝えてはいますが、国民や住民にとってどのような意味をなすのかがわかりにくいものが多いと言えます。相手意識を持つことは、告知文書を作成する上での必須条件です。

次に必要なのは、どのような立場で伝えるのか、相手との立ち位置を考える立場意識です。通達などでありがちなのは、業務上の必然性という大義名分があるため、上から目線で書かれているものです。話し言葉よりも文書のほうがより作られた言葉になり、感情や配慮が感じられず無機質になるため、相手に不快に思われてしまうことがあります。

例えば、新入社員が主催する勉強会の告知文書で、「中堅社員にも役立つので参加を期待します」と書かれていたらどう感じますか？　「期待」というのは、組織内の場合、上司から部下に対して使われることが多い言葉です。この告知を部門長が出すのであれば表現上の問題はないでしょうが、新人から出されたら違和感を覚えます。

このように、文書に含まれる立場のニュアンスを意識していないと、地雷を踏むことにもなりかねないのです。上下関係に加え、ユーザー部門とサポート部門、営業部門と企画部門など部門の立場も、告知文書では考慮して書く必要があります。

へりくだった表現をすればよいということではなく、相手と自分の立場を考え、印象をコントロールする意識を持ちましょう。社長からの通達を作成するのであれば、その文書によって社員は社長に対してどのような印象を持つのか、社長と社員はどういう立場なのかなどを意識することで、ふさわしい表現になります。告知の内容によっても、強い立場で行くべきものと、お願いする立場で行くべきものとがありますので、相手にとっての意味を考える相手意識と立場意識とを併せ持つことが必要でしょう。

〈フレームワーク〉

まず、Aの発信者と受信者ですが、これにより立場意識、相手意識の持ち方が決まってきます。同じ告知内容でも、誰から伝えるのが効果的なのかはじっくりと考えたほうがよいでしょう。次に、相手にとっての意味が入っているBの告知情報です。受信者によってこの内

図表5-4　告知文書のフレームワーク

項目	内容
A. 発信者・受信者	誰から誰に伝えるのか
B. 告知情報	・大前提として伝える、告知することの内容 ・相手にとっての意味
C. 詳細情報	例外や補足など

容は変わるはずです。Cの詳細情報は、告知する内容の大前提に対して例外となる事項への対応や、補足情報、問い合わせがありそうなことなどです。告知文書に何をどこまで含めるかどうかは最後に検討します。

〈情報収集〉

告知文書の情報収集として必要なことは、意外と多くあります。告知事項そのものはシンプルなものが多いのですが、それに関連したさまざまな事項について情報を集めなくてはなりません。問い合わせや例外事項への対応方針まで決めておく必要があるからです。場合によっては本文に含めておくべきこともあり、この情報収集と取捨選択を誤ると、あとから問い合わせ対応に忙殺されることになります。過去に類似の告知をした際に起きたことなどを、あらかじめ聞いておくことで回避できることもあります。

詳細対応の情報が収集できたら、それらが受信者にとってどのような意味があるのか、メリットやデメリットは何なのかをプロファイリングデータをもとに検討します。プロファイリングでは相手が置かれている状況を明確化すると述べましたが、情報が相手にとってよいことなのか、不利益になることなのかを見ていきましょう。

もし不利益な情報ばかりになってしまったら、ストーリーや表現を考慮する必要がありです。現時点ではデメリットしかないが、将来的にはメリットがある、もしくはやらないとさらなるデメリットが発生するということも文書に含める必要が出てくるわけです。

〈ストーリー〉

告知文書のメッセージと受信者のプロファイルから、第3章で紹介した意外性のSWOTの4つの打ち出し方のどれにするかを検討します。イベントの告知の場合、イベントは斬新ながら必然性が認知されていないのであれば「今、なぜ○○なのか？」という背景情報を強調し、すでにたくさんの類似イベントがあるならば「特にこのイベントはほかと何が違うのか？」という限定性や差異を強調、おもしろくないと認識されているのであれば、「実はこのイベントは○○なのです」と新たなポジショニングを強調し、残念ながら類似イベントとの差異があまりない場合には、「○○って知っていますか？　答えは……」と興味を引っ張るストーリーにしていきます。数ある告知文書のタイプの中で、どのようなストーリーが相手に響くかを、告知内容の強み弱みと受信者側のプロファイルをもとに検討します。

（表現）発信者の人柄と思いを表現

告知文書の表現として留意したい点は、告知文書は発信者の人格を表すということです。必要以上に堅苦しい言葉や文章は横柄な印象につながり、親しみが持てずメッセージを素直に受け止めにくくなります。信頼を損なうことのないよう注意しましょう。

まず、①命令的、押しつけがましい表現を避けます。例えば、「○○されたい」「○○すること」という表現は公文書ではよく使われていますが、命令的・権威的に受け止める人もいます。相手に話しかけるつもりになって言葉を選ぶとよいでしょう。

・部下に周知徹底されたい
↓　配下の社員にお知らせし、徹底してください。
・期日遵守の上、提出すること
↓　期日までに提出してください。

次に、②古めかしい言葉、堅苦しい言葉もなるべく平易な言葉に置き換えましょう。日常であまり使わない文語調、漢語朝の表現、度を過ぎた敬語・謙譲語はわざとらしい印象を与えます。とはいえ、流行語や俗語、話し言葉を安易に使用すると品格がなくなりますので、平易な言葉で親しみやすさを表現しましょう。

・諸般の事情に鑑み

↓　さまざまな事情を考慮し

・貴職におかれましては

↓　○○様は

・格段のご高配を賜りますようお願い申し上げます。

↓　ご配慮をお願いいたします。

また、③発言者の人柄が感じられる言葉や表現にするとよいでしょう。機械的なアナウンスではなく、喜び、思いなどの感情表現、エピソードなどは発信者に親しみを与え、メッセージが浸透しやすくなります。フォーマルな文書で本文に含めるのが難しい場合には、文書を配信するメールなどに「このお知らせができることを心から喜んでいます」という一文を添えるなどすることで、文書に人間味を持たせることができます。

・当社の本年度最重要施策です。

↓　私が今年もっとも強い思い入れを抱いている施策です。

・貴重なお話を聞く機会です。

↓　プロジェクト秘話が聞けることにワクワクしています。

告知文書は受信者の数が多く、受け止め方が自分の想像を超える場合もあります。不用意な表現になっていないかどうか、発信前には第三者に確認してもらいましょう。その際には、相手にとっての意味がもっとも強調された表現になっているかも確認してください。不利益な情報を意図的に読めないような小さな字で文書の下に記載しているケースがありますが、基本的には、相手にとっての意味がもっとも目につくよう表現しましょう。

第6章

報告文書の書き方

自分の責任を果たしていることを伝える

まず、報告とは何かを考えてみましょう。報告とは、「指示・命令・委託を受けている任務についての結果を伝える」ことです。そのため伝える相手は特定されており、ほとんどの場合、所属する組織の上位の人や、商品・サービスの提供先の顧客側の責任者です。

相手が業務に対して抱いている期待に対して責任を果たしているかどうかを伝えるのが報告ですから、まずは自分が果たすべき責任やかけられている期待が何かを認識していないと報告書も的外れになり、「聞きたいのはそんなことではない」と言われてしまいます。報告書に何を書いてよいのかわからないということは、自分が何をしろと言われたのか理解できていないのと同義と考えられます。

報告文書には、大きく分けると2種類あります。業務やプロジェクト、出張、研修、視察などの活動に対する進捗や結果を報告するための「活動報告文書」と、市場、顧客、業務など業務関連の対象についての調査結果を報告するための「調査報告文書」です。

まず、活動報告文書ですが、営業活動の日報や顧客訪問録、出張報告など、比較的短い文書から、プロジェクトの進捗や成果報告書など長編にわたる文書があります。

活動報告書でありがちな失敗例としては、「あれをしました。これをしました」とやったことだけが書かれた「活動記録」になってしまっているケースです。

理由は２つあります。１つ目は、責任が何かが認識できていないためです。やらされ感を持ってやっている業務の場合には、よい報告書が書けないのです。

私は人材育成部門のリーダーとして多くの研修報告や視察出張の報告書を目にしてきましたが、責任を認識している人とそうでない人の報告書は明らかに差がありました。前者は何を吸収し、何を今後の業務の示唆とするかが明確でしたが、後者はやったことだけが書かれているのみで本人の知見がありません。責任を認識していれば、受講している間から自然と吸収されるものも異なり、それが報告書に表れるのです。研修報告のような短いものでさえ、その差が表れると認識しましょう。

２つ目は、あまりにもその業務が大変だった場合に、やったこと自体をつい伝えたくなってしまうからです。子どもだったら、「今日学校でこんなことして、あんなことして大変だった」と言えば、親は「大変だったね。がんばったね」とねぎらってくれますが、上司は親ではないので、「大変だったね」と言ってもらうことを期待してはいけません。あくまでも責任が果たせているのかどうかという成果を報告するものですので、苦労を語るのではなく、冷静に伝えるべき成果が何かを考えましょう。

示唆がない結果の羅列は意味がない

報告書のもう1つの種類は調査報告書です。市場・顧客調査、競合調査、従業員意識調査、事故調査などさまざまな調査がありますが、調査とは、ビジネスの意思決定をするために、「もしかしたらこうなるのではないか」「このようなことが起こっているのではないか」という仮説を検証するために、情報を収集し分析する活動です。

調査報告書のよくある失敗例も、活動報告文書と同様に「調べたことを列記しているだけ」というケースです。こうなってしまう理由の1つは、仮説がないままに調査をするからです。仮説自体を持たないまま調査を始めてしまうという致命的な場合のほかに、仮説はあるものの検証するために何を調査したらよいかが明確にできず、闇雲に調べてしまっている場合もあります。ロジカルな文書にするには、調査そのものがロジカルに設計されている必要があります。調査設計がないと手当たり次第調べることになり非効率ですし、意思決定につながりません。

もう1つの理由は、示唆を言い切る勇気がないために、調べたことだけになってしまっていることです。分析したグラフの上に、「XXは以下のとおり」とだけ書かれているものは、グラフから何が読み取れるのか、その分析結果をもとにどういった行動をとるべきかという示唆がありません。示唆がない調査は単なるデータ収集です。

ビジネスには正解があるわけではないので、まずは「こうすべき」という主張や示唆がないと何も始まりません。調査は意思決定のためのものですので、「こうすべきでは?」という示唆が必要なのです。

活動報告書の作り方――事実を自分のフィルターで判断

では、活動報告書の作り方を見ていきましょう。ここでは、比較的規模の大きなプロジェクトなどの活動報告書を前提として、作成におけるポイントを説明します。日報など活動規模が小さいものについては、一部を省略、簡素化して書くことになります。

（要件）責任まっとう・投資判断・評価材料

活動報告書が果たす要件の1つ目は、責任がまっとうできているかどうかが理解できることです。プロジェクトの目的やゴールが達成できているのかどうか、また、途中の進捗報告であれば、その時点の目標達成状況がわかることが基本です。ここがわからないと、前述の活動記録になってしまうのです。やったことではなく、成し遂げたことが何かがわかることが基本の要件です。

2つ目は、その活動が続行か変更かという投資判断ができることです。すべての企業活動は資金や人材を投資しているものですので、その投資方針が正しかったのかどうか、今後もその方針で活動を続けられるのかどうかが判断できる必要があります。研修や視察、出張も投資ですから、この要件を満たす必要があります。

3つ目の要件は、報告相手が評価者でもある場合ですが、実績として自分のやったことを評価できることです。個人の担当する業務は高度化・専門化が進み、上司でさえ、正しく活動内容を把握して評価することは難しくなっています。さらに言えば、ビジネスも厳しい状況が続いている中で、「よくがんばっているから」だけでは評価しにくいのです。

このような状況下では、何を成し遂げたのか、自分やチームの成果が明確に報告書から伝わる必要があります。

（準備）事実と所感を準備する

では、活動報告書を作成するための準備を、マインドからストーリーの４つのフレームワークで見ていきましょう。

〈マインド〉

報告書の根底に必要な心がけは、前述のとおり相手が自分に抱いている期待を認識し、それに応えようという意識です。大規模なプロジェクトでも、日々の業務でも同様です。

もう1つ必要なのは、感謝の念を込めることです。精神論のように感じられるかもしれませんが、仕事は自分一人の力で成し遂げられることはあまりありません。その活動を自分に託した上司や顧客への感謝や、ともに働いたメンバー、出張や研修で接した人々に対する感謝が文書に表れていないということは、自分一人の力ですべてうまくやったと考えていることが多いのです。

感謝を感じられる人とそうでない人では、同じ活動をしていても見えているものが違うため、得られるものや成果が異なってきます。私は今まで多くの報告を受けてきましたが、業務を「やらされ仕事」として取り組んでいるのか、「与えられた機会」と認識して取り組んでいるのかは、報告書に表れていました。ぜひ、このマインドを根底において文書を作成してください。

〈フレームワーク〉

報告書に含める内容は、以下のフレームワークで考えます。何を目指したのか（A 目的）、どうなったのか（B 成果・進捗）、何をしたのか（C 活動）、なぜそうなったのか（D 総括）、次はどうすべきか（E 課題と予定）の5つです。

活動の内容が複雑になってくると、成果や進捗の情報を整理して見せるのにもフレームワークを適用したほうがよいでしょう。例えば、プロジェクト活動の進捗を表現するには、QCD（Quality：品質、Cost：コスト、Delivery：納期）というフレームワークをさらに詳細にした、品質、コスト、スケジュール、リスク、チーム、スコープ（範囲）、利害関係者などのフレームワークを用いて表現すると、報告の具体性や網羅性が保てます。

マーケティング活動の進捗であれば4P、戦略実行の報告であれば、BSC（バランスス

図表6-1　報告文書のフレームワーク

項目	内容
A. 目的	・何を目指したのか ・具体的なゴール（目標）
B. 成果・進捗	・どうなったのか ・得られたもの、目標に対する進捗 ・活動内容に応じて詳細なフレームワークを用いて表現する
C. 活動	・何をしたのか ・実際の活動
D. 総括	・なぜそうなったのか ・評価、反省、所感
E. 課題と予定	・次はどうすべきか ・活動を受けての今後の計画や課題

コアカード）や7Sなどが活用できるでしょう。活動の要素によって、ふさわしいフレームワークは決まります。使い方としては、報告のときだけではなく、計画立案段階からフレームワークの観点で計画し、各要素の予定や目標値などを定めておくことで、報告する際に計画に対してどういう状態なのかを報告することができます。

〈情報収集〉

次はフレームワークにもとづいて、活動に関連する情報を収集します。まず、活動報告では、「事実」（実際の活動内容）と「所感」を混在させないよう留意して情報を集めます。プロジェクトで多数のメンバーから情報収集する場合にも、事実情報と所感を分けて収集します。

所感とは何か、何を書けばよいのかということについて悩む方が多いようなので説明しましょう。基本事項として、所感という言葉の意味は、一般的には「心に感じた事柄、感想、思い」です。こう書くと、ある意味ではとても簡単とも言えますし、ある意味ではとらえどころがなく難しいとも言えます。

ビジネスでは、個人的な徒然なるままの感想を求められることはありません。その場面において自分の立場で感じられたことは、「感想」ではなく、「判断」であるということが重要です。判断は思いつきではなく、「根拠」が必要です。つまり、どのような場面で何を判断したのか、その根拠は何かということを論理的に書くのが所感ということになります。まとめると、所感とは、「事実に対する根拠のある判断」ということになります。

この事実と判断のつなぎについて、基本的なパターンをいくつか自分の中で作っておくとよいでしょう。基本的な判断は、まず「良い」のか「悪い」のかです。「良い」の語彙《ごい》としては、「順調」「滞りない」「興味深い」「効果が期待できる」などがあります。「悪い」の語彙としては、「問題がある」「理解しがたい」「マイナスの影響が考えられる」などがあります。

報告書では、事実だけではなく、自分というフィルターを通した判断が求められます。この判断に独自性があり、根拠に説得力があれば評価も高くなるでしょう。「特筆事項はなし」「何も得るものがなかった」というのも1つの所感ではありますが、それを論理的に理解してもらうためには説得力のある根拠を示す必要があります。

この所感は、責任が果たせているか、投資判断ができるか、評価材料という報告書の3つの要件に大きくかかわります。事実情報だけではなく、所感を形成することを念頭に置いた情報収集を心がけましょう。

次に、事実情報ですが、できるだけ活動が具体的にイメージできる情報を収集します。活動の内容や頻度、成果物（目標を満たす製品またはサービス、プロジェクトで作成する文書全般）について、数値データや画像があるとよいでしょう。

〈ストーリー〉

活動報告書は、成果や進捗状況サマリーなど結論を先に述べ、根拠となるデータなど細部を並べていく分解型の展開にしましょう。細々とした活動情報が先にあると、「それで何が言いたいのか」という疑問がわいてきてしまうからです。

（表現）複雑な状況を見える化して伝える

活動報告書のタイプごとに、表現の留意点を述べます。

〈プロジェクト報告書〉

プロジェクトは活動範囲が多岐にわたります。QCDやプロジェクトマネジメントのフレームワークを用いて活動報告をします。プロジェクトは関係者が多く、個人の所感だけでは報告に客観性が保てないため、状況を表現する基準をあらかじめ決めておくとよいでしょう。

例えば、品質、コスト、スケジュール、リスク、チーム、スコープ（範囲）、利害関係者という項目を信号に見立てた3段階の基準を設定します。スケジュールは、一切の遅延なしが緑、3日以内の遅延でリカバリー可能が黄色、1週間以上の遅延でリカバリーに要員追加が必要な場合が赤といった具合です（図表6－2はアミの濃さで表現しています）。

このように、基準値による報告は客観的であり、状況が見える化されます。信号だけではなく、晴れ、曇り、雨など天気予報の表現、矢印の向きなど、視覚的に状態が把握できるものを採用するとよいでしょう。重要なのは、人によって異なる判断にならにように、基準値

図表6-2　プロジェクト活動状況表現の例

管理項目	状況	対応	期日・担当
品質	警告		
コスト	順調		
スケジュール	警告		
リスク	順調		
チーム	緊急	メンバー交代を検討	7/3　山田
スコープ（範囲）	警告		
利害関係者	順調		

■	緊急：即刻方向修正のためのアクションが必要
■	警告：状況改善のためのアクションが近々必要
■	順調：方向修正のためのアクションは不要

の設定と合意をすることです。

〈営業活動・出張報告書〉

営業活動や出張の報告は、何のために訪問したのかという目的意識と、何を得たのかという成果意識が薄いと活動記録になりがちです。顧客の反応と所感をしっかりと記載します。同様に、競合情報、予算情報、人事・組織情報など得られた情報についても、事実と所感を明記しましょう。最後には「次回訪問時には、○○の資料を持参し、トークに□□の事例を織り交ぜて話す」など次の行動を書くことで、上司からのアドバイスも受けやすくなるでしょう。

〈研修・視察報告書〉

研修報告書では、研修自体の事実についての報告よりも、所感のほうが求められています。基本的には、「価値ある研修を受けた。自分自身をあらためて振り返り、不足している点を理解した。今後の業務に役立てたい」ということを自分の言葉で述べます。「すばらしかった」「大変学ぶところが多かった」など抽象的な内容にならないように注意します。詳細な研修内容や配布された資料などは添付資料としてつければよいでしょう。

〈トラブル報告書〉

トラブル報告書には、細心の注意が必要なことは理解しているでしょう。トラブルが発生した時点で、顧客はすでに信頼する気持ちを失いつつあり、その上、報告書に不手際があれば、決定的に信頼を崩壊させてしまうことになりかねません。

一方で、誠意ある的確な報告書は信頼回復への糸口にもなります。双方の経営陣や上級管理職など上層部も、トラブル報告書には目を通すことが多いでしょう。このため、トラブル報告書の記述表現は、担当者だけではなく、そのような読み手にも納得してもらえ、信頼を取り戻すきっかけになるものでなければなりません。

ありがちな失敗は、単純な状況の記述、原因ではなく責任逃れの言い訳に終始してしまっていることです。信頼回復の糸口になるどころか、さらに先方の不信感を増大させてしまうでしょう。

例えば、「システムの仕様確定のための打ち合わせがきちんとできなかったことが原因である」としてしまうと、顧客の側にも原因の一端があるという主張になってしまいます。さらに、顧客の承認した仕様に従って開発したことが原因であると書いてしまうと、原因は顧客にあると主張しているようなものです。どのような仕様によってトラブルが起きたのかまでは原因として言及すべきですが、それを決めたのは誰かという責任について言及すると話が複雑になります。報告書では言及せず、契約の問題として協議すべきでしょう。

調査報告書の作り方――学術論文にしないために

調査報告書を単体で1冊作ることは少ないかもしれませんが、企画書や活動報告の一部として、調査したことを掲載することは多いでしょう。仮説を検証し、次の行動のための示唆を得る調査という行為は、ビジネスには欠かせないものです。

近年では、ビジネスのスピードが加速し、不確実性が高くなってきたこともあり、調査に長い時間をかけている間に状況が変わってしまうこともままあります。タイムリーに仮説を検証して示唆を提示できることは、ビジネスパーソンとして必要な能力と言えます。

（要件）信頼できる示唆があること

調査報告書でもっとも重要な要件は、示唆があることです。右に行くか左に行くかという方向性を判断する示唆を得るために行うのが調査です。「本調査の目的」という欄に、「XXの調査を行う」と書かれている場合は、示唆を得ることよりも、調査自体が目的化しています。目的欄には、「グループインタビューによりXXの市場ニーズを検証すること」「制度の定着状況を調査し、今後の施策の決定材料にすること」「新システムへのA製品の適用可能性を検証すること」などが書かれるべきでしょう。

ここに「新しい技術を採用した画像認識ソフトの性能調査を行う」と書かれていると、単に新しいソフトウエアを試しに使ってみただけなのかと受け取られかねません。そのような誤解を受けないためにも、何を検証する調査なのかを明記し、調査から得られた示唆を示すことは必須です。

また、「とりあえず調査をすれば何か示唆が得られるだろう」という考えは非常に危険です。見つかったとしても、確実に検証できているとは限らず、さらなる調査が必要になることが多いからです。新しいアイデアを得るために、ランダムにいろいろな情報を集めることがありますが、それは発想を広げるのが目的であり、仮説を検証するためではありませんので注意しましょう。

２つ目は、信頼できる調査であることです。調査方法、対象、分析に公平性、妥当性があり、抜け漏れがないことが求められます。せっかく得られた示唆でも、対象に偏りがあったり、分析にミスがあったりすると、価値も半減してしまいます。しっかりとした調査設計を行いましょう。

（準備）仮説思考で結論を導き出す

調査報告書を作成するための準備を、マインドからストーリーの４つのフレームワークで見ていきましょう。

〈マインド〉

調査報告書の作成において、必要なマインドは「仮説思考」と「キーワード思考」です。まず、仮説思考とは、情報収集の途中や分析作業以前にある一定の「結論（＝仮説）」を導き出し、その仮説を検証することにより真の結論を導き出す考え方です。仮説を用いることで、効率的に真の結論にたどりつくことができるのです。調査においてこの仮説がないと、いつまで調査しても示唆が得られなかったり、得られた場合でも膨大な時間を費やしたりすることになりがちです。調査で何を検証したいのか、それはこの方法で検証できるのかを常に念頭に置くべきでしょう。

2つ目の「キーワード思考」は、調査して得られた情報に対し、事象の本質を簡潔で覚えやすい言葉でラベルをつけていくという考え方です。情報は、「データ」→「情報」→「知識」→「知恵」という過程で体系化されていきます。

多くの情報は、そのままでは「データ」です。意味のあるデータをまとめてラベルがつくことで、情報（インフォメーション）になるのです。調査で得られたデータのラベル化を心がけることで、意味のある情報や知識となり、示唆が生み出されます。例えば市場調査の情報であれば、「提携強化」「スマートフォン浸透による機会」「コンテンツ無料化」などです。

図表 6-3　情報の体系化

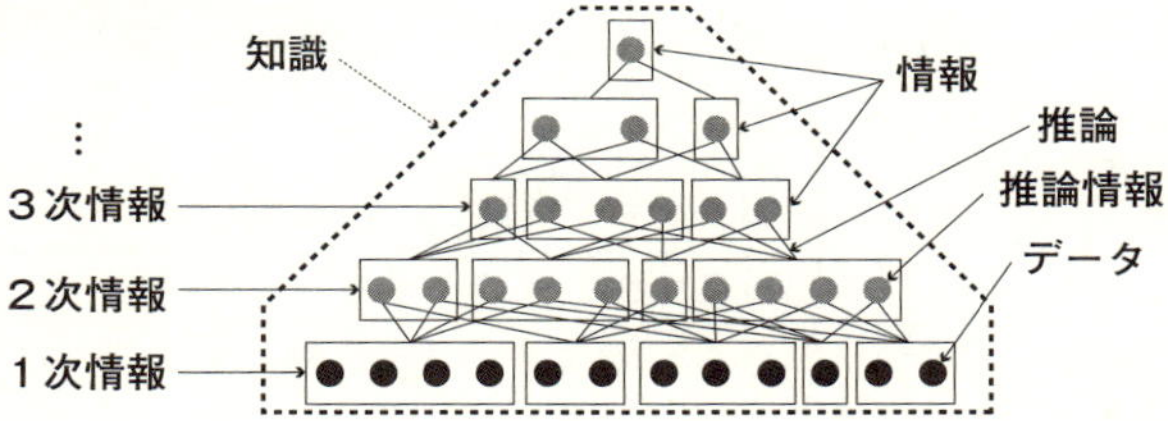

データを漫然とながめるのではなく、常に意味づけをしていきましょう。

〈フレームワーク〉

調査報告書に含める内容は、以下のフレームワークで考えます。どのような仮説を検証するための調査なのか（A　目的）、どのように検証したのか（B　方法）、何が実証されたのか（C　結果）、今後どうするのかという示唆（D　結論）です。詳細な調査結果はすべて必要なわけではありません。

調査のテーマに応じて、第４章で紹介したフレームワークを活用して、仮説を検証できるよう調査設計を行います。マーケティング系の調査であれば、４Ｐや４Ｃ、ＡＩＤＭＡなどがよく活用されます。

例えば、「顧客の購買行動のどこで脱落が起きているかを把握するために（Ａ　目的）、ＡＩＤＭＡの観点で調査を行った

図表 6-4　調査報告書のフレームワーク

項目	内容
A. 目的	どのような仮説を検証するための調査なのか
B. 方法	・どのように検証したのか ・調査の方針、手順、対象・範囲、環境
C. 結果	何が実証されたのか
D. 結論	・今後どうするのかという示唆 ・次のアクションの方向性

（B　方法）。結果として注目は集めているが、他社製品との比較検討で購入を断念する確率が高かった（C　結果）。よって、今シーズンのプロモーション施策として、レビューキャンペーンを検討すべきである（D　結論）」という形で、調査報告書のフレームワークと汎用フレームワークを組み合わせて構成やメッセージを検討します。

〈情報収集〉

調査報告書では、情報をどのように収集するかが非常に重要です。その際に役立つ考え方が「MECE」です。MECEとは、「Mutually Exclusive, Collectively Exhaustive」の略で、抜け漏れなくダブりなく要素を洗い出し、検討過程で論理的に物事を「分解する」作業で、「論理の幅」を担保する上で重要な考え方です。

思いつきで調査や分析を進めていては、ムダな作業が発生したり、重大な見落としがあったりします。例えば、「人間」をＭＥＣＥで分けると、男女という「性別」で分けるのはＭＥＣＥですが、「男性と女性と子ども」とすると、子どもも男の子と女の子に分かれるため「ダブる」ことになり、ＭＥＣＥとして分けられていることになりません。また、人間を老人と子どもで分けると、その間の年齢層が含まれていないため、「漏れている」ことになり、これもＭＥＣＥにはなりません。

ＭＥＣＥには、１つの軸で切り分けるパターンと複数の軸を組み合わせて切り分けるパターンがあります。人間を「男・女」と「20歳以上・未満」という年齢軸で分けると、４つに分けられます。

問題なのは、ＭＥＣＥの考え方を理解していないと、自分が抜け漏れのある分析をしていることに気づかないことです。ＭＥＣＥを意識していないということは、全体像をつかめていないということです。もちろん、全体像をとらえた上で、「20歳以上の男性」市場には力を入れないという結論に至るのはかまいません。初めからその市場を漏らして考えてしまうのと、全体をとらえた上で結論に至るのとでは意味合いが違います。

ＭＥＣＥに切り分ける軸は、大きく分けると「対立概念」「数値」「時系列・手順」「要素」「数式」になります。

対立概念は、対立・対局を探し、「A」と「A以外」に分けます。社内・社外、既存・新規などです。数値で分けるパターンの例としては、年齢、年収、身長・体重、時間帯などがあげられます。時系列に分けるパターンの例としては、現在・過去・未来といった時間的な分け方から、プロジェクトの初期・中期・終期といったフェーズ、提案・見積もり・受注・請求などのプロセスなどがあります。

要素による分け方は、学校であれば小学校・中学校・高校・大学などですが、中高一貫校など分けられないものは、その他扱いにするか、いずれかに含むことになります。あまりにもその他が多いと、分けた意味がなくなるので注意しましょう。

最後の数式ですが、計算式を導き出し、加減乗除で物事を分解します。例としては、「売上＝数量×単価」「利益＝売上－費用」などです。数式は基本的には抜け漏れがないので、MECEの軸として使うのには便利と言えます。調査の対象や検証の方法に抜け漏れがあることは信頼性を失いますので、MECEの考え方を適用しましょう。

〈ストーリー〉

調査報告書を作成するときにやってしまいがちなのが、調査の経緯や実行したこと、リ

図表6-5　情報をMECEに分ける方法

手法	説明	例
2つに分ける	対立／対局概念を探し出し、物事の構成要素を2つに分解する（「A」と「not A」に分ける）	●社内・社外 ●変動・固定 ●男・女
数値で分ける	分類する数値軸を設定し、スケーリングすることで分解する	●年齢：10代、20代、30代…… ●年収（万円）：～500、500～750…… ●時間帯：10：00 ─、12：00……
流れ・順序で分ける	手順（時間軸）を洗い出し、物事を順序立てて分解する	●提案、見積もり、受注、請求 ●調査、分析、実行 ●実施前、実施中、実施後
既存の要素で分ける	既知の分類やフレームワークを用いて分類する （完全にMECEではない場合もある）	●学校分類：小学校・中学校・高校・大学 ●季節分類：春夏秋冬 ● 5W1H ● 3C
数式で分ける	計算式を導き出し、物事を加減乗除で分解する	●売上＝数量×単価 ●利益＝売上－費用

サーチの結果など、調査に関連する事柄を最初から順番にくわしく記述することです。すべて正しく理解してもらうために、見聞きしたことを時系列ですべて記載したくなってしまうわけです。

しかし、相手が必要とするのは調査の結論ですから、調査概要はできるだけ短めにし、詳細な調査方法や対象は別紙としましょう。その上で、特筆すべき検証結果はハイライトとして、表現もインパクトのあるものにします。せっかく時間と労力をかけた調査結果が、単なる想定どおりではなく、貴重な示唆が得られたということを示すためにも、「ここを見てほしい」という検証結果は、ストーリーの中で早めに「調査のハイライト」として持ってきましょう。最後の最後に出てきても印象は薄いですし、そこまで読んでもらえる可能性は必ずしも100％ではないからです。

（表現）表とグラフの使い方

調査報告書では、さまざまな分析結果をグラフや表で表現します。ここでは表の作成方法と基本的なグラフについてご紹介します。

図表 6-6　データ表と比較表

データ表

	売上	顧客数	利益
1月	12.0	3,402	3.2
2月	11.2	2,056	2.5
3月	10.1	2,598	1.3
4月	8.9	1,634	0.5
…	7.8	1,253	1.8

比較表

	機能	性能	価格	評価
A	◎	○	54,900	A＋
B	◎	◎	100,000	A
C	△	○	89,000	C
D	△	△	60,000	B
…				

〈表の作り方〉

まず、表には2種類あります。「データ表」と「比較表」です。

データ表は数値データを並べているものです。表は詳細な情報を整理するのには向いていますが、視覚的にメッセージを表現するのには向いていませんので、数値データのみを表現したければ、グラフ表現に変えたほうがよいでしょう。データ表の売上の比較であれば、売上棒グラフ、内訳を表現するなら円グラフなどです。後述のグラフの作り方の項を参考に、グラフに変えてみましょう。

比較表は、複数の選択肢を比較し、もっともよいものを選ぶためのものです。

ここで、比較表の作り方を説明します。まず、評価したいことから評価項目を切り出します。ロジカルシンキングで評価事項を体系的に組み立てるところがスタート地点です。この設計を間違うと、苦労して情報を集めても仮説の検証になりません。

図表6－7は、あるアプリケーションを評価するための項目を切り出した例です。実際のアプリケーションを調査して評価選定するような表では、比較項目が数十に及ぶ場合もあり、思いつきで項目を並べるととてもわかりにくいものになります。大分類、中分類、小分類と、体系的に項目を切り出すと理解しやすい表になります。

次は、セル内の記述方法を決めます。数値で表すのか、文字なのか基準を決めて、○×などの記号を使うのか、あるいはセルの色づけにするのか、わかりやすい記載方法を検討します。記載方法は、視覚的にパッと見て理解しやすいものにしましょう。セルの中に文章を書いてしまうと、それを読んだ上でほかの選択肢と比較することになり、理解するのに労力がかかってしまいます。最後に、結論がわかるように強調します。読まずに一目で理解できるようなレベルまで仕上げられれば、表の作成は完璧と言っていいでしょう。

〈グラフの作り方〉

基本の4つのグラフタイプを覚えてください。自分も相手もどう見るのか戸惑うような難しいグラフタイプをいくつも覚える必要はありませんが、「いつでも円グラフ」しか使えな

図表6-7　表の項目切り出し

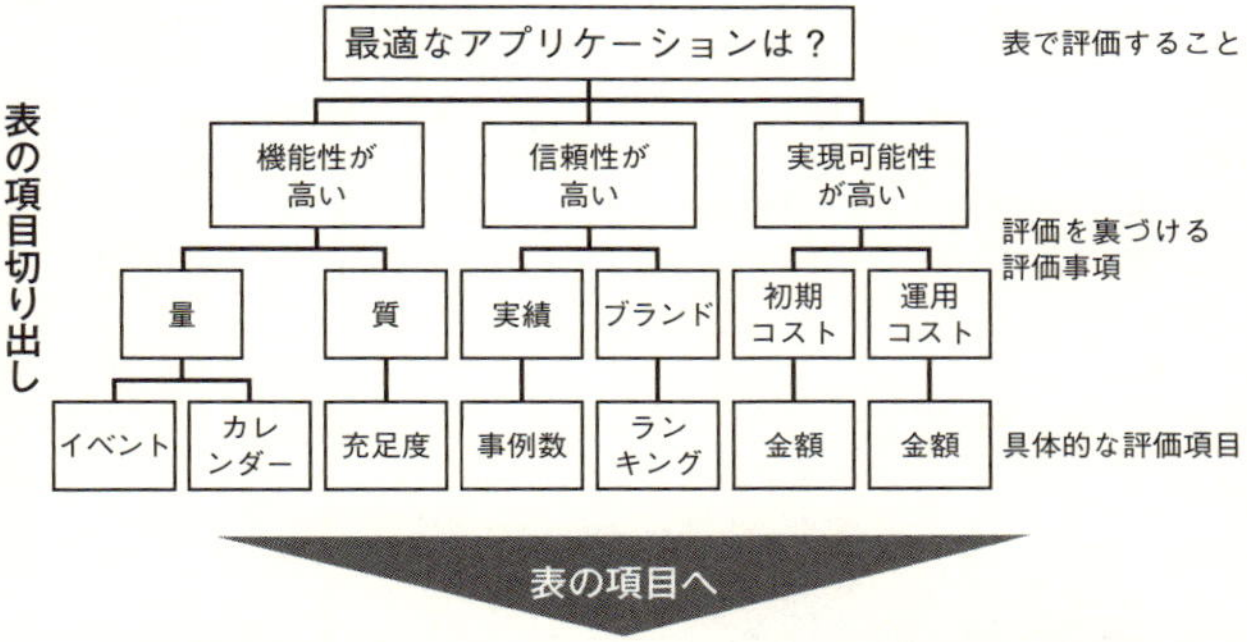

作成した表

評価事項＼アプリ	機能性			信頼性		実現可能性		総合評価
	量		質					
	イベント	カレンダー	充足度	導入事例数	ブランドランキング	初期コスト	運用コスト	
A			8pts	50件	1	A	A	○
B			6pts	45件	5	B	C	○
C			9pts	55件	2	A	B	◎
D			3pts	31件	10	C	C	△
E			1pts	20件	22	C	C	×

図表 6-8　基本の４つのグラフ

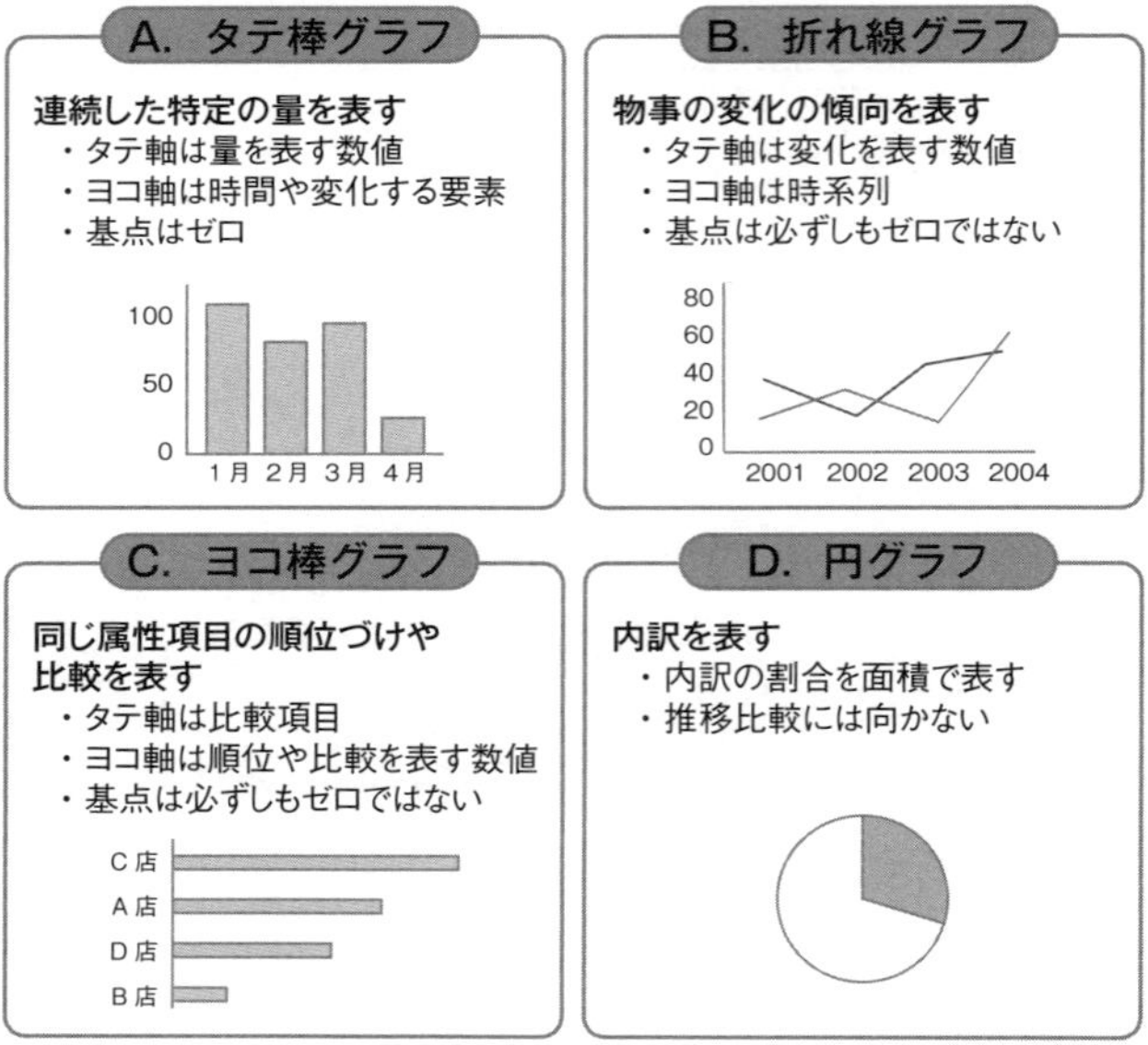
A. タテ棒グラフ
連続した特定の量を表す
・タテ軸は量を表す数値
・ヨコ軸は時間や変化する要素
・基点はゼロ
100
50
0
1月 2月 3月 4月
B. 折れ線グラフ
物事の変化の傾向を表す
・タテ軸は変化を表す数値
・ヨコ軸は時系列
・基点は必ずしもゼロではない
80
60
40
20
0
2001 2002 2003 2004
C. ヨコ棒グラフ
同じ属性項目の順位づけや比較を表す
・タテ軸は比較項目
・ヨコ軸は順位や比較を表す数値
・基点は必ずしもゼロではない
C店
A店
D店
B店
D. 円グラフ
内訳を表す
・内訳の割合を面積で表す
・推移比較には向かない

いようでは、メッセージを正確に伝えることはできません。

グラフタイプは、連続した量を比較するタテ棒グラフ、変化の推移を表す折れ線グラフ、ランキングを表すヨコ棒グラフ、内訳を表す円グラフの４つです。これらは調査報告書に限らず、活動報告書や提案書でも使うものです。基本として理解した上で、応用グラフを学んでいきましょう。

Ａ　タテ棒グラフ

タテ棒グラフは、連続した

データの量を表します。売上データを時系列で見せるなどがもっとも一般的な使い方です。ヨコ軸は年月や期など連続する時間軸、タテ軸は量を表す軸です。タテ軸の起点はゼロというルールがあります。起点をゼロ以外から始めると、正確な量が把握できないからです。稀に起点をゼロ以外にしているグラフを見かけますが、数値操作の意図を感じます。目盛り線は薄いグレーにして目立たなくしますが、基準線（ゼロの線）だけは太くします。

棒グラフの棒は基本的には同じ要素を表しているので、棒ごとに色を変えたり、模様をつけてはいけません。また、棒の面積で量の比較をするものなので、3D表現は適していません。面積だけに着目すべきところに、体積の情報を含む3D表現は正確に視認できません。

B　折れ線グラフ

折れ線グラフは、変化の傾向を見せるためのグラフです。タテ軸は変化を表す数値で、ヨコ軸は時系列です。棒グラフとの大きな違いは、変化の度合いを見せるためのものなので、タテ軸の起点は必ずしもゼロにする必要はありません。また、複数のデータの比較も可能です。

タテ軸の起点をゼロから始めない場合には、一番下の線を、基準線を表す太線ではなく、

図表 6-9　タテ棒グラフのポイント

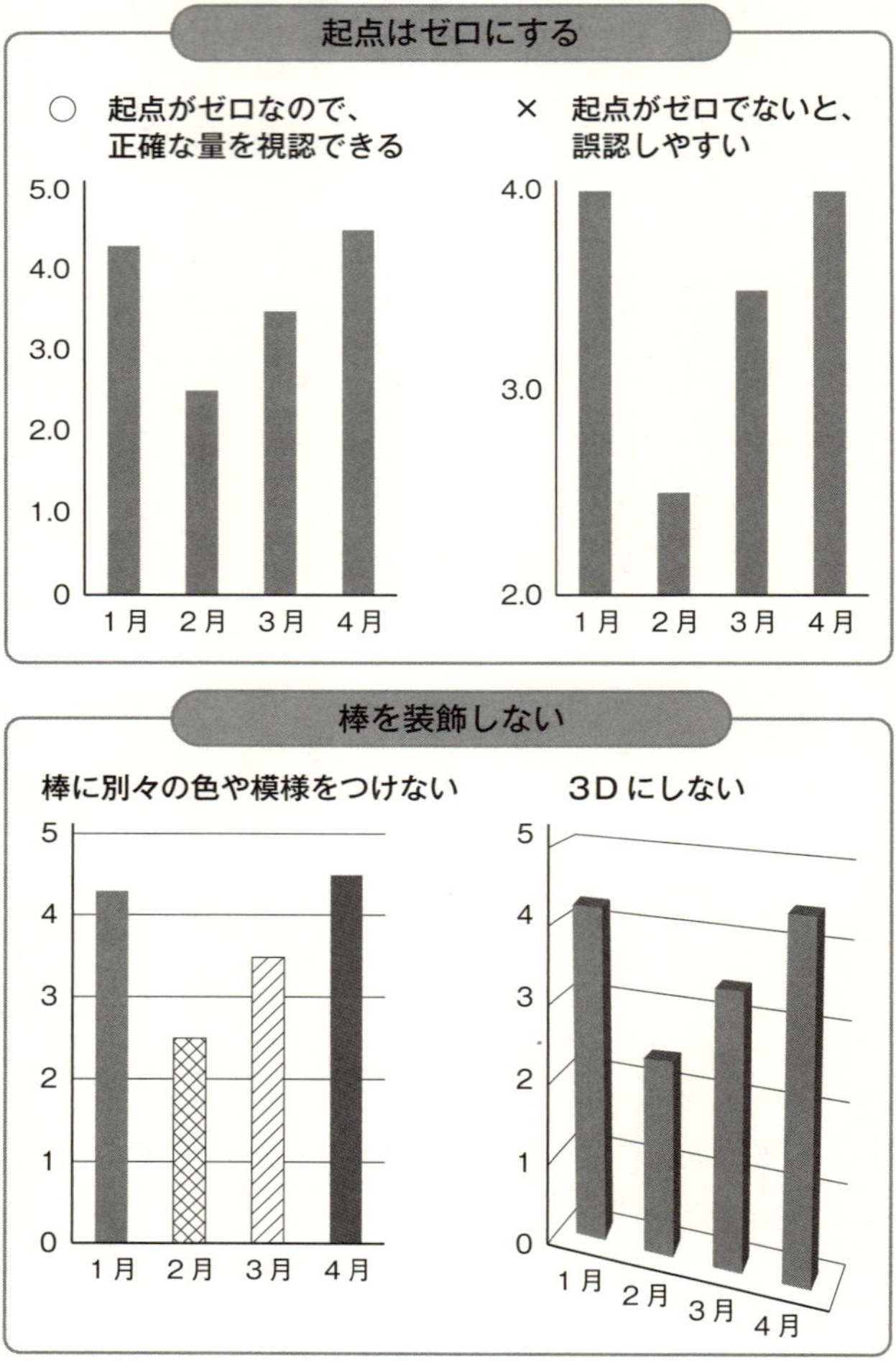

図表 6-10　折れ線グラフのポイント

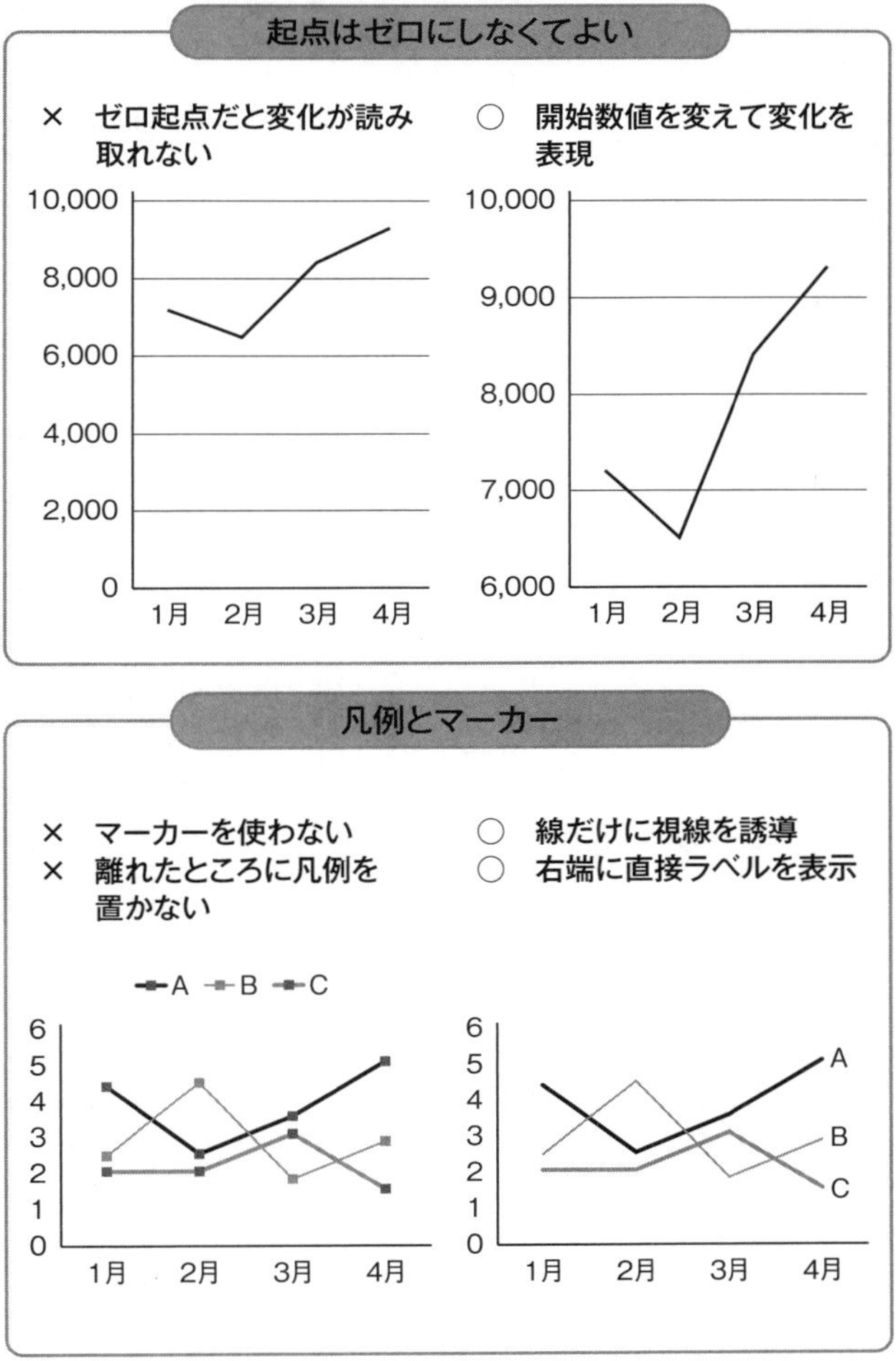

ほかの目盛線と同じ細線にします。変化を表す線の傾きが平坦すぎるとメッセージとしてインパクトが薄れますが、メモリを操作して極端な傾きをつけると誇張表現になってしまいます。折れ線の傾きが、グラフの高さ全体の3分の2くらいに収まるように目盛りを設定するとよいでしょう。

折れ線グラフの凡例や、○や◇、△、☆などのマーカーと呼ばれる記号はできるだけなくし、線だけに視線を誘導します。そのために、グラフ中の折れ線に直接ラベルを記載しましょう。その際には、最新の地点、つまり線の右端にラベルをつけます。線の傾きを追ったあと、自然とラベルに目が行くのです。離れたところに凡例を置くと、折れ線と凡例を視線が何度も行き来してしまいます。

C　ヨコ棒グラフ

ヨコ棒グラフは、タテ棒グラフをヨコにしたものではありません。同じ属性のものを順位づけして見せるものです。ランキングなので、タテ軸の要素の並び順に意味があります。棒の並び順は、データの大小です。相手が慣れているデータの並び順がある場合はその順で出す場合もありますが、基本は順位だと考えてください。

図表 6-11　ヨコ棒グラフのポイント

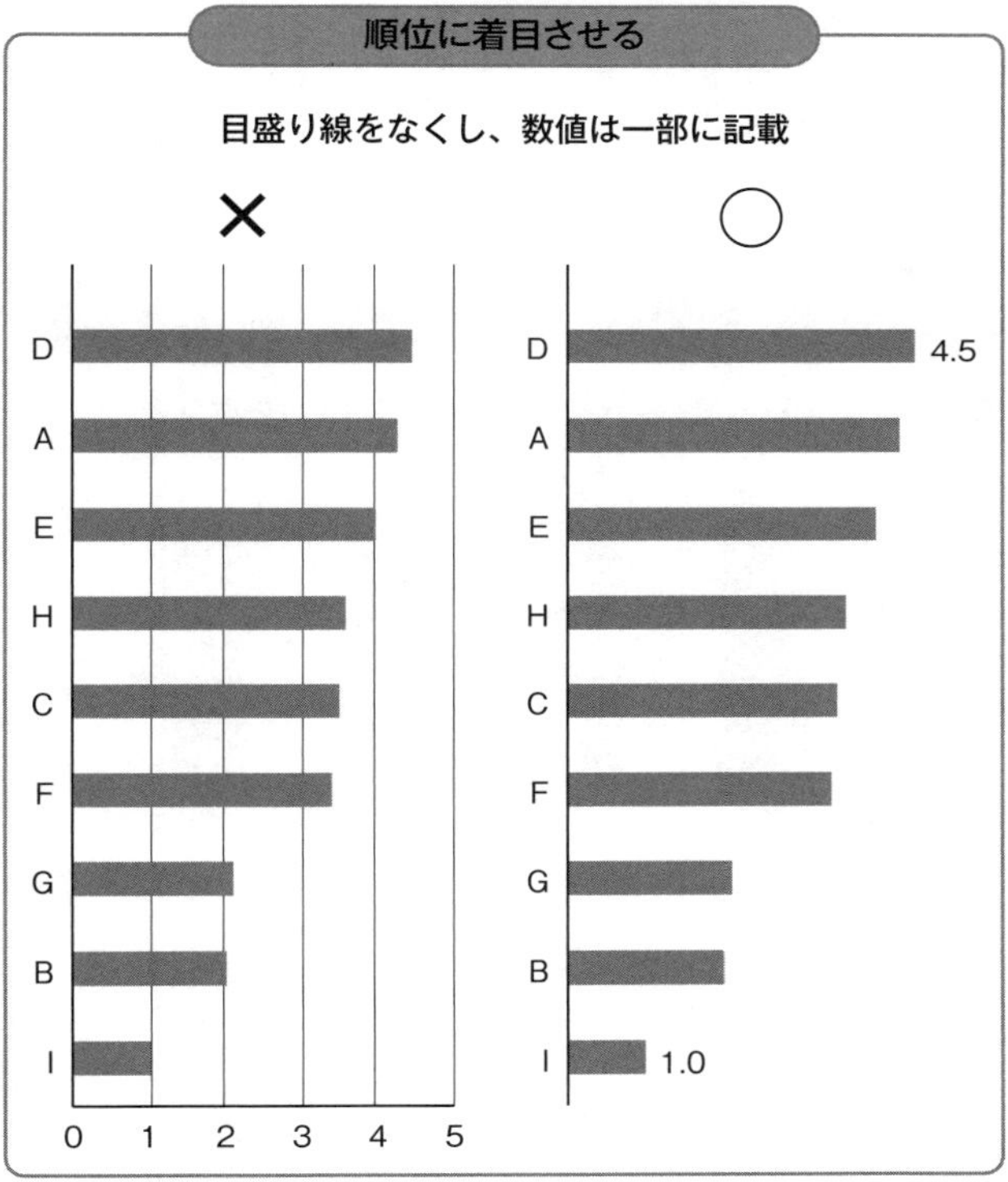

図表 6-12 円グラフの誤った使用例とよい例

「A事業の内訳の変化」を表現する場合

■「内訳」という言葉から、円グラフを選んでしまった例

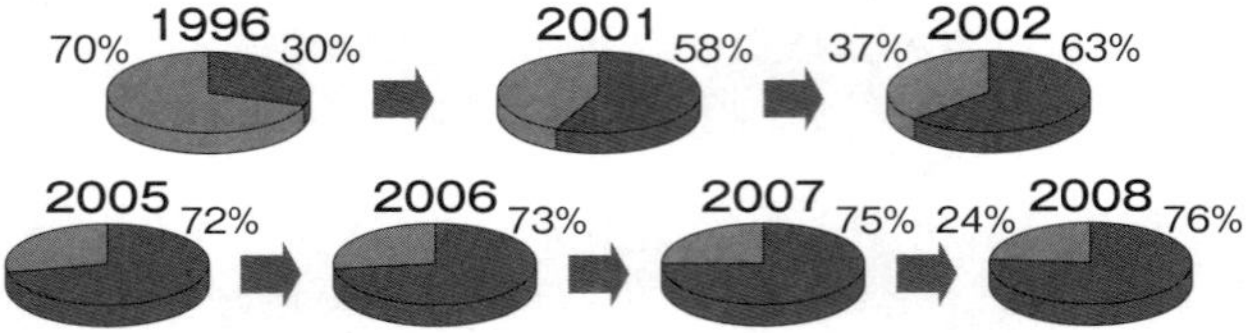

■「連続した内訳の量」を比較できるよう積み上げ棒グラフで表現した例

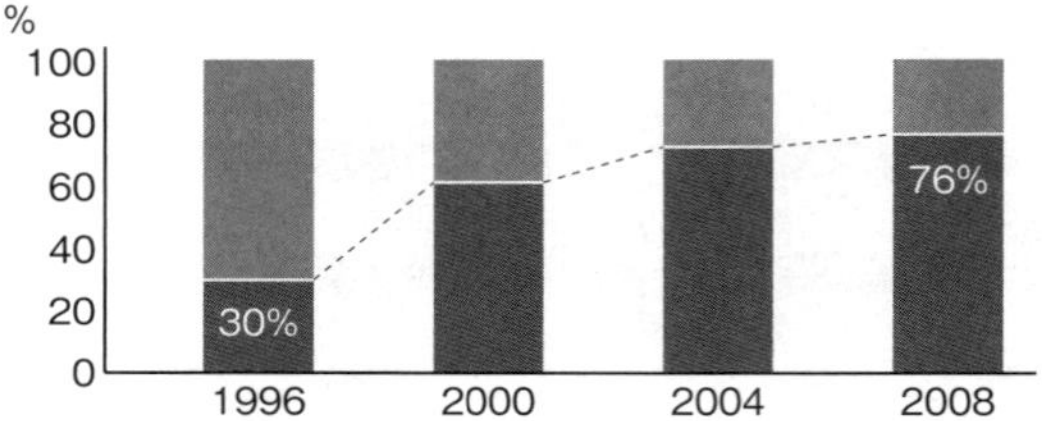

D　円グラフ

円グラフは、データの内訳を示すのに適しています。おそらくもっとも多用されるグラフの1つですが、それだけに見づらい円グラフを目にする機会も多くあります。

また、棒グラフのような長さの比較に比べて、面積や角度は比較が難しいため、複雑なデータ比較には向いていません。例えば、「A事業の内訳の変化」についてメッセージで言及したい場合、「内訳」という言葉によって、つい円グラフを選んでしまうことが多いようです。この場合、メッセージは、実は「内訳の量の変化」について言及しているので、量が比較しやすい棒グラフで、中でも内訳も表現できる積み上げ棒グラフを選ぶとよいでしょう。

円グラフ作成にあたり、注意すべき点は3つあります。

まず、1つ目は色です。まるでサーカスの玉乗りで使うようなカラフルな色を多用するのはやめましょう。できれば、着目すべきデータ以外は、すべてグレーにして色数を減らしましょう。2つ目は、データの数を減らします。せいぜい5つまでにし、小さい値のデータはその他としてまとめます。3つ目は3D表現です。3Dにしてしまうと円の面積にゆがみが生じ、正確に把握できません。意味のない装飾なのでやめたほうがよい、というよりも、視認妨害になるのでやめるべきです。

調査報告書は、仮説思考で膨大な情報を分析し、示唆を導き出すものです。明確に伝わるように、基本である表やグラフの表現を学んで身につけるとともに、さらに複雑な情報を処理できるよう、さまざまなグラフ表現を試して応用できるようになりましょう。

第7章

依頼文書の書き方

相手の立場に立つ

何かを頼まれると、とっさに面倒と思うのが人の心です。共有の告知文書の項で相手意識と立場意識が必要と述べましたが、依頼文書では、それ以上に相手の立場に立つことが求められます。仕事は自分一人で完結することは稀で、社内外のさまざまな人との共同作業によって成り立っています。仕事を完結するにあたり、依頼するということは避けて通れません。

打ち合わせの依頼、自身の仕事の確認・評価の依頼、情報提供依頼、作業依頼など日常的なものから、寄付の依頼、紹介・推薦の依頼、取材や講師の依頼などフォーマルな要素が強いものまで多岐にわたり、依頼の仕方によっては、仕事の成果につながらないばかりか、トラブルに発展することもありえます。

みなさんも何かを依頼されることが多くあると思いますが、すぐ動こうと思うものとそうでないものが明確に分かれるのではないでしょうか？　メールなどで依頼文書が来ると、一読して面倒だなと未読状態に戻してしまうものと、ものの数十秒で返信ができてしまうものがあります。

私は仕事柄、執筆・寄稿、講演などのご依頼をいただくことが多い立場ですが、条件が合わなくてもお受けしようと思うものと、依頼文書から受ける印象で、条件はよくても受けたくないなと思うものがあります。ビジネス文書としての体裁が整っていても、表現に気遣いがない場合には、実際の仕事が始まったときに、トラブルとは言わないまでも不愉快な思いをする可能性があると直感が働くのです。

この差を理解し、依頼文書をマスターすることは、仕事の生産性や成果につながるでしょう。

依頼文書の作り方――相手のアクションを最小化

では、依頼文書の作り方を見ていきましょう。ここでは日常的によく作成する打ち合わせ依頼文書と作業依頼文書を例として説明していきますが、依頼内容が変わっても基本的な考え方は同じです。

（要件）気持ちよく依頼を受けさせられるか

依頼文書の要件は3つあります。「相手が何を依頼されているのかがわかること」「依頼されている理由が妥当であること」「気持ちよく依頼を受けたいと思える配慮がされていること」です。

まず、「依頼事項がわかる」と聞くと当たり前のように思えますが、自分にとっては明確でも、相手にとっては何を頼まれたのかが具体的にわからないことはままあります。特にIT関連の作業依頼などは、依頼しているほうは専門家ですが、依頼される側は素人であることがほとんどであり、何を依頼されているのかがわからないことが多いのです。また、「確認をお願いします」と書かれていたときに、「確認」が具体的な行動として何を意味するのか、認識が異なることもあります。

次の「理由が妥当であること」は異論はないでしょう。よくある状況は、理由を説明されて納得できないというよりは、理由自体が明記されていないために、「なぜこれをしなくてはいけないのか？」「なぜ（ほかの人ではなく）私なのか？」という質問のやりとりに発展するケースです。質問が来た時点で、相手はいらだっているのです。初めから妥当な理由が書かれていれば、相手に余計な疑念を抱かせることはありません。

最後の「気持ちよく依頼が受けられる配慮がされていること」という要件が満たされていないケースとしては、理由は納得できたが、頼むにもやりようがあるのではないか、という状況です。煩雑な手順が必要だったたり、配慮が欠けていたりすると、理由は理解できても、実際には気持ちが動きません。

図表７－１の例は講演依頼文書ですが、ＡとＢのどちらの依頼を受けようと思いますか？仮にＡが謝礼などの条件がよかったとしても、依頼を受けようという気持ちになるのは難しいのではないでしょうか？

最終的に依頼を受けてもらえるかどうかは、文書だけではなく諸条件によりますが、初めの取っかかりである依頼文書で十分な配慮がされていないと、その後につながらないこともあります。

（準備）必要なのはおもてなしの心

では、依頼文書を作成するための準備を、マインドからストーリーの４つのフレームワークで見ていきましょう。

図表 7-1　講演依頼文書の例

例A

株式会社○○商品企画部の山田と申します。

ご著書「21 世紀型環境問題」を拝見しました。この度弊社にてセミナーを実施いたします。ついては、ご専門の環境問題についてご講演をお願いいたしたく、ご連絡しております。

ご興味を持たれましたら、詳細お送りいたしますので、ご連絡お願い申し上げます。

新作「これからのエコ」にも期待しています。

例B

セミナー講師のご依頼

拝啓　○○の候、ますますご盛栄のこととお喜び申し上げます。
私どもは株式会社○○の商品企画部です。突然のお願いで恐縮でございますが、弊社セミナーにて、ご講演を賜りたく、連絡をさしあげました。

弊社はこの度、エコシリーズ商品の認知向上のため、環境問題に関するセミナーを開催いたします。つきましては、「21 世紀型環境問題」を執筆され、環境分野でご活躍中の○○先生にぜひともご講演いただきたくお願い申し上げる次第です。
ご繁忙の折、恐縮ではございますが、下記条件でご承諾いただけますでしょうか。

1. テーマ：　環境問題について　(1 時間)
2. 日時：　平成○○年○月○日　10:00-10:30
3. 会場：　○○センター　大ホール
　　東京都○○区○○ 1-2-3
4. 謝礼：　○円

新作「これからのエコ」は今から発売を楽しみにしております。まずは御諾否のお返事を御一報いただければ幸いです。

〈マインド〉

依頼文書に必要なマインドは、「おもてなしの心」です。

おもてなしの心と言うと日本的・情緒的な印象を与えますが、依頼文書では「やってもらって当然」という考えが少しでも文書から感じられると、相手は動かないと考えたほうがよいでしょう。仕事上必然性があるとはいえ、当然のように頼まれると素直に行動しようという気持ちがそがれるからです。

「お金をもらっているわけではないのだし、仕事でのやりとりなのだから、そんなサービス精神はいらないのでは？」と思われるかもしれませんが、サービスとおもてなしは違います。

話がやや横道にそれますが、サービスの語源はラテン語のservitusであり、この言葉には「奴隷」というニュアンスが含まれています。提供する側とされる側に主従の関係があり、相手に対してどちらか一方が何がしかの対応を提供するものです。

一方、おもてなしの語源はhospesであり、病院（hospital）やホテル（hotel）と語源をともにし、かつて宿が整備されていない時代に巡礼する旅人を歓待したことを意味しています。主客は対等の関係であり、家の主人は旅人をねぎらうために心尽くしの対応をしました。

やってもらって当然でもなく、へりくだって仕えるわけでもなく、対等な関係でありながら礼を尽くすことがおもてなしの心だと私は考えています。依頼する際には、相手の労に対して尊敬の念を持って、自分ができることをやり尽くして依頼をするというスタンスが必要です。

打ち合わせ依頼文書の例、図表7－2を見てみましょう。Aの文書は相手にかなりの部分を委ねているように見え、打ち合わせも時間がかかることが予想されます。Bは自社でできる準備・調整はすべてすませ、相手の労力を最小限にする配慮が見られます。同じシステム開発のサービスを受けるとしても、やはりBの依頼文書を出す開発会社のほうがおもてなしの心があり、こちらと仕事がしたいと顧客に思わせるでしょう。

システム更新作業など大勢の社員にいっせいにアクションを依頼するときには、混乱や反感を引き起こさないよう十分な配慮が必要です。依頼するアクションは、誰がやってもミスがないよう必要最低限なものにするために、事前にできる限りのことをしておくことが求められます。それだけ大勢の人の時間や労力を使うことに対する配慮が必要です。

図表 7-2　打ち合わせ依頼文書の例

例Ａ

基盤ソフトを変更しなければならなくなりました。まことに急な話ではありますが、変更に関しての打ち合わせをさせていただきたいと考えています。

つきましては、貴社プロジェクトメンバー関係者の調整をよろしくお願いいたします。

・打ち合わせ内容
　基盤ソフトの変更について

・打ち合わせ日時
　調整の上、ご都合の良い日をお願いいたします。

・打ち合わせ場所
　貴社、当社のどちらがよろしいでしょうか。

例Ｂ

システムに採用する基盤ソフトの変更について緊急の打ち合わせを開きたいと考えています。貴社プロジェクト関係者の調整をお願いいたします。

1　依頼の理由
①基盤ソフト変更の理由
　Ａ社製基盤ソフトを採用する計画でしたが、当該ソフトに重大な欠陥が存在することがＡ社から緊急発表され、変更が必要となりました。
②緊急に打ち合わせを開催する理由
　７月の開発フェーズ開始前に代替ソフトを早急に決定するため、次回定例会議前に決定する必要があります。

2　打ち合わせの目的
　代替基盤ソフトを決定します。
　代替候補としてＣ社製､Ｅ社製を候補としています。両ソフトの機能､性能､仕様、価格の比較検討結果を添付してあります。迅速に結論が出せるよう、事前の比較検討をお願いいたします。

3　開催日時
　以下の日時のうち、貴社のご都合をお知らせください。
◎月△△日（金）　13：00～17：00
◎月△○日（火）　13：00～17：00

4　開催場所
　当社第３会議室を予約してあります。

　ご不明な点、調整が難しいなどありましたら、ＸＸまでご連絡ください。

図表 7-3　依頼文書のフレームワーク

項目	内容
A. 依頼要約	依頼内容を短く端的にまとめたもの
B. 依頼理由	なぜ依頼するのか？
C. 依頼詳細	具体的にやってもらいたいこと
D. ベネフィット または リスク	・やった場合のベネフィット（良いこと） ・やらない場合のリスク（悪いこと）
E. 確認	相手の意思や行動を確認する方法

〈フレームワーク〉

私が外資系企業で働いていた当時、海外とのメールのやりとりが日に何十通とあり、英文メールと悪戦苦闘している社員がたくさんいたため、英文メールの書き方の研修を実施していました。

その研修で、受講生からとても評判が高かったフレームワークをご紹介しましょう（図表7―3）。英語でメールを出しても返事をもらえない、もしくは返事がなかなかもらえなかったのに、このフレームワークでメールを出したら、すぐに返事がきて行動してもらえたという声がたくさんあったものです。英語でも日本語でも、要するに何をしてほしいのかが伝わらない文書や、何となく面倒に感じる文書で動かないのは同じです。

まず、A 依頼要約は、「〇〇のお願いです」という具合に、できるだけ短い言葉で何を依頼しているのかを述べます。ありがちなのは、背景説明や詳細すぎる依頼内容が冒頭から書かれていて、読む気が起きないというものです。

次のB 依頼理由ですが、相手の疑問にきちんと答えるものであるかを確認しましょう。図表7－2の打ち合わせ依頼文書の例では、なぜ基盤ソフトの変更が必要なのか？ なぜ定例ミーティングまで待たずに緊急で集まらなくてはいけないのか？ という2つの疑問に答えなくてはいけないのです。

C 依頼詳細は、長い場合には別添にしますが、なるべく短いものにしたほうがよいでしょう。D ベネフィット（良い点）またはリスクは、相手目線で考えます。点検作業の依頼なども、「規則だからやってください」ではなく、できれば安全性が高まるなどのベネフィットを述べるか、ベネフィットがない場合には、情報漏洩の可能性などのリスクを伝えます。

E 確認は依頼を受けたことや実施が完了したこと、不明点などの問い合わせ方法など、確実に依頼を実施してもらうための確認の方法です。

英語が流暢《りゅうちょう》な人がスラスラと書いた英文の依頼メールよりも、英語が苦手な人がこのフレームワークに則って作成した英文の依頼メールのほうが、返信やアクションが迅速でした。語学の得意不得意ではなく、必要な項目として何がそろっているべきかどうかがコミュニケーションとして必要だと実証されています。

〈情報収集〉

まず、前述のフレームワークに沿って情報収集をします。次に必要なのは、相手からの想定質問を洗い出すことです。依頼するほうは当然のことでも、相手にはさまざまな「なぜ?」が浮かんできます。

そもそもどうして? なぜ今やるのか? どうしてそんなに急ぎなのか? なぜ自分なのか? ほかの人でもいいのでは? 全員必須? なぜこんな面倒なことを? ほかにもっと簡単にできる方法があるのでは? なぜ数ある依頼からこれを受けるのか? ほかにもっと条件がよいところがあるのでは? どれくらい時間がかかるのか? など、ひたすら洗い出してみましょう。

自分で考えるのが難しければ、ほかの人と話し合いながら洗い出してもよいですし、下書きした文書をほかの人に読んでもらって、意見を聞いてみてもいいでしょう。

次に、依頼する内容を、前後の作業を含めて行動レベルで書き出します。図表7－2の打ち合わせ依頼文書の例であれば、日程調整（各社）、会議室予約（どちらか）、検討資料準備（自社）、事前検討（全員）など関係者の行動を洗い出します。そのうち、依頼前にすべきことは事前にやってしまいます。想定質問を考えることで、先にやるべきことが見つかることもあります。相手の労力が最小限になるよう配慮をすることで準備完了です。

〈ストーリー〉

前述のフレームワークにもとづき文書を作成します。依頼詳細が長くなる場合や想定質問が数多く出そうな場合には、別添えで「よくあるご質問（ＦＡＱ）」としてまとめるとよいでしょう。文書が煩雑だと印象づけないよう注意しましょう。

（表現）礼を尽くし自分の気持ちを伝える

依頼文書の表現として重要なのは、全体の文章のトーンです。

全体の文章のトーンは、マインドのところでも書きましたが、礼を尽くす気持ちが表現されているべきでしょう。ただし、あまりにも固い儀礼的な表現は、かえって面倒な印象を持たれてしまうリスクもあります。

講演依頼文書の例にも書きましたが、「新作を発売前から楽しみにしている」という素直な気持ちを表現したり、作業依頼であれば、「あなたがコーヒーブレイクに行く前の1分をください。このボックスにチェックをしてボタンを押せば、あなたがコーヒーを飲みに行って帰ってくるまでにアップデート作業は完了しています」などと、面倒だなという気持ちを解きほぐすような表現をしたりすると、効果的に働くことがあります。全体として礼を尽くした上で、依頼を受けようという気持ちを動かす独自の表現を加えるとよいでしょう。

第8章

説得文書の書き方

相手の心を動かし意思決定させる方法

最後の章は、相手を説得して動かす説得文書です。説得文書はこれまで説明してきた文書よりも大きな意思決定を相手にしてもらう文書であり、相手の心を動かすことが求められます。説得文書には2つの種類があります。1つは、相手の問題の解決策を提示するソリューション提案書、もう1つは、相手にとっての新しい試みや世界観を提唱する企画提案書です。

ソリューション提案書は、近年の営業力強化施策の中で、「モノ売りからの脱却」をスローガンに、単に商品・サービスを売り込むのではなく、相手の問題を解決するソリューション（解決策）を提案するという考え方で広まってきました。

私は、営業力強化のコンサルティングを数社のクライアントに行ったことがあります。営業視点、自社視点になりがちなところを、顧客側の視点に立って自社の商品・サービスがどう活用できるのかを説くのに、どのクライアントの営業の方も一様に苦労されていました。モノの性能自体に差異がなくなってきた今、顧客の視点に立った提案書かどうかは大きな意思決定のポイントになります。

もう１つの企画提案書は、新しい試みを提言するものです。イベントや広告など広告代理店が作成するものに限らず、これまで会社になかった制度の導入や、業務改善企画、新商品開発企画、販売企画、研修企画など、会社で新しいことをする際に作成するもの全般を企画書ととらえています。では、それぞれの作り方を見ていきましょう。

ソリューション提案書の作り方――そもそも問題は何か

ソリューション提案書は相手の問題に対する解決策を提案するものですが、そもそも問題とは何でしょうか？　ここがわからないと解決策も提示できませんので、説明していきます。

まず、「現状」と「あるべき姿」があります。本来、あるべき姿でいたいのですが、さまざまな要因によってそれが実現できていません。「問題」とはあるべき姿の実現を阻む要因のことです。こう書くと当たり前のように思えますが、問題を考えるにあたり、陥りがちなパターンが２つあります。

まず、単なる「現象」を問題として取り上げてしまうことです。例えば、「営業日報の入

図表8-1　問題とは何か

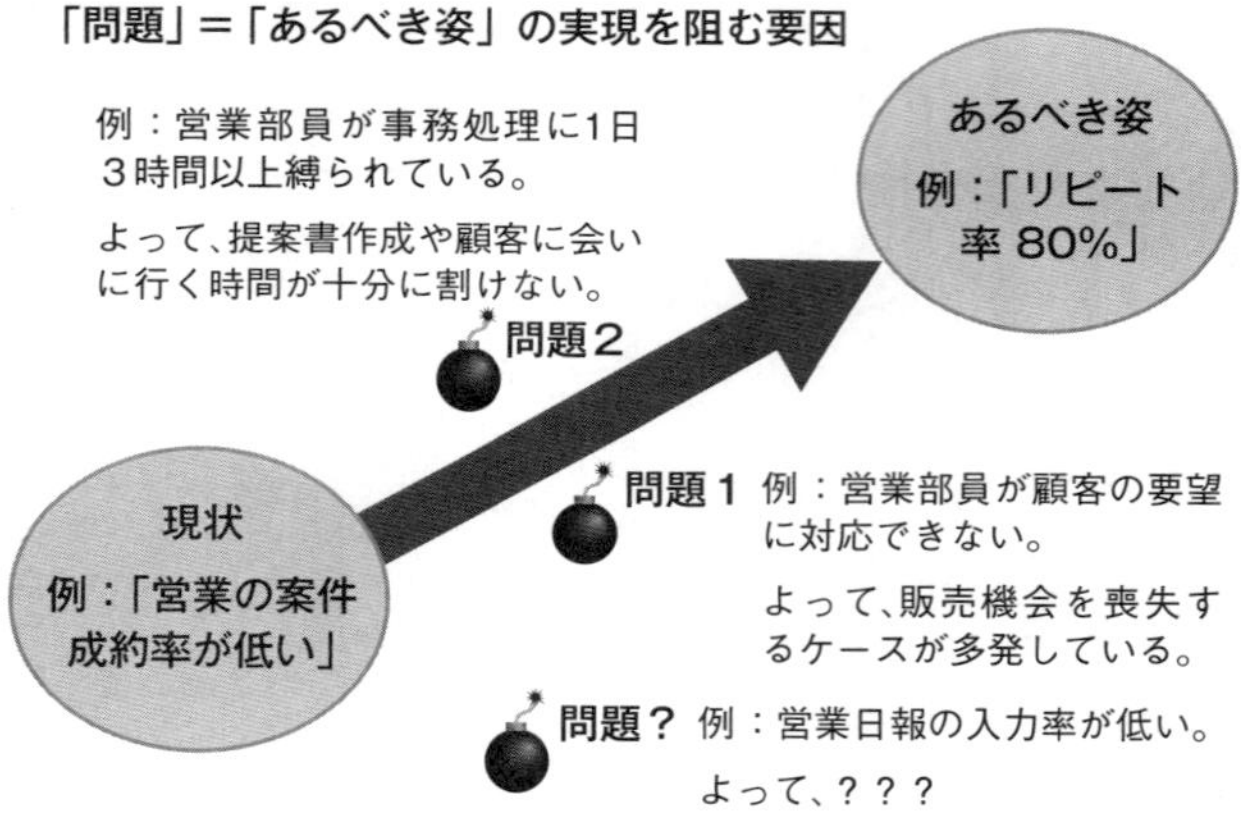
「問題」＝「あるべき姿」の実現を阻む要因
例：営業部員が事務処理に1日3時間以上縛られている。
よって、提案書作成や顧客に会いに行く時間が十分に割けない。
あるべき姿
例：「リピート率 80%」
問題2
問題1
例：営業部員が顧客の要望に対応できない。
よって、販売機会を喪失するケースが多発している。
現状
例：「営業の案件成約率が低い」
問題？
例：営業日報の入力率が低い。
よって、？？？

力率が低い」という事実は問題なのでしょうか？　問題なのか、放置してもかまわない現象なのかを見極めるには、「よって？」という問いかけを用います。

「よって、営業活動の進捗がわからない」だけでは、必ずしも問題とは言えません。しかし、「よって、営業部員が適切なアドバイスが受けられず、成約につながらない」であれば、あるべき姿の「リピート率80％」が実現されないので、問題と言えます。このように、あるべき姿が規定されていないと、何を問題とすべきかが明確にならないのです。

　また、問題解決でもう1つ陥りがちなのは、「○○がないので、○○を導入しましょう」という主張です。何かがないこと自体は問題ではありません。すべてそろっている会社などありません。ないことによって何が起こり、あるべき姿の実現を阻んでいるのかを問わなくてはなりません。ソリューション提案書作成にあたり、何が問題なのかを考えることは非常に重要であると認識してください。

（要件）何を目指し、どう解決するのか

ソリューション提案書の要件は３つあります。「あるべき姿が描かれていること」「問題が特定できていること」「解決策に具体性と信頼性があること」です。

まず、あるべき姿が描かれていることですが、多くの提案書はこれを描き切れていません。端的な例としては、「最適な○○を実現しましょう」という表現です。「最適な」というのは具体的にどのような状態なのかを明示しないと、「きちんとしましょう」と言われているのに等しいので、なかなか気持ちが動きません。相手が問題をすでに認識している場合を除いては、「こうなりたいのにできないのは、○○が問題だからです」という主張が必要です。

解決策を提示するので問題が特定できているのは当たり前かもしれませんが、先に説明したように、問題になっていないケースもあります。ここが特定できていないと、いわゆる

「モノ売り」にとどまってしまいます。相手が問題だと思っていないことを問題とする場合には、問題だと認識させるための納得できる主張と根拠も必要になります。

3つ目は、解決策に具体性と信頼性があることです。問題を認識し解決しなければという気持ちになった次の段階として、どの解決策が妥当なのかと考えたときに、満たすべき要件です。特に、難易度の高い問題解決には相手も慎重になります。これで解決できるという確信が持てるだけの具体的な活用イメージや、信頼できる事例や実績の提示が求められるのです。具体性や信頼性をどのように出すのかを、ソリューション提案書の表現の項で紹介します。

（準備）相手の情報をどれだけ引き出せるか

では、ソリューション提案書を作成するための準備を、マインドからストーリーの4つのフレームワークで見ていきましょう。

〈マインド〉

ソリューション提案書の作成に必要なマインドは、「視座」を高め、「視野」を広げる思考

図表 8-2　視座とは何か

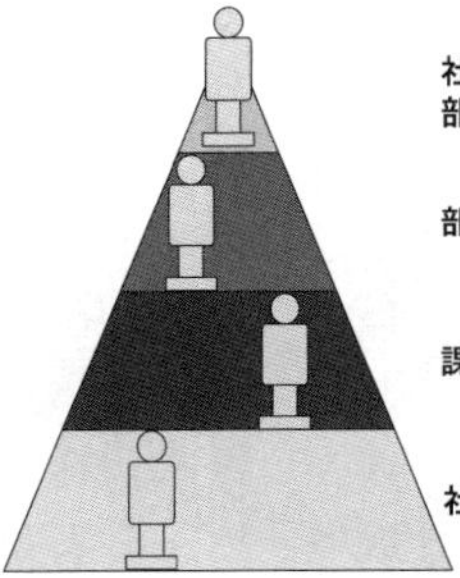

	各層の視座の問題
社長・事業部長の視座	・革新的な方向性を示すことができない ・リーダー層を牽引できない
部長の視座	・業務志向から経営志向になれない ・新しい見方・やり方が取り入れられない
課長の視座	・課題設定力・提言力がない ・メンバーをリードできない
社員の視座	・問題解決力がない ・業務知識・経験が少ない

です。顧客から守備範囲外の話をされると、スーッとシャッターを閉めるようにして話を聞かなくなる人がいますが、そのマインドではソリューション提案はできません。営業の人は自社製品の守備範囲外のこと、技術者は技術以外のことに話が及ぶと「関係ないこと」として扱ってしまいがちです。もちろん、自社や自分で解決できる範囲というのはありますが、高く広い視点で問題をとらえないと、差異化は図れません。

視座は、立場や人によって異なります。問題を誰の視座でとらえるかは重要です。社員の視座でとらえた問題は、管理職や経営者の視座でとらえ直すとどういうことなのかを考えるのです。製品を活用するのが社員だとしても、導入の意思決定をするのは上級職です。その視座でも訴求できなくてはならないのです。

視野とは物事を見る広さで、空間軸と時間軸があり

図表 8-3　視野とは何か

問題をどれくらいの広さでとらえるか、例えば、１部門でとらえるのか、他部門までを視野に入れるか、また明日までに解決するのか、数年後なのかという解決の期間によって解決すべき問題が変わる。

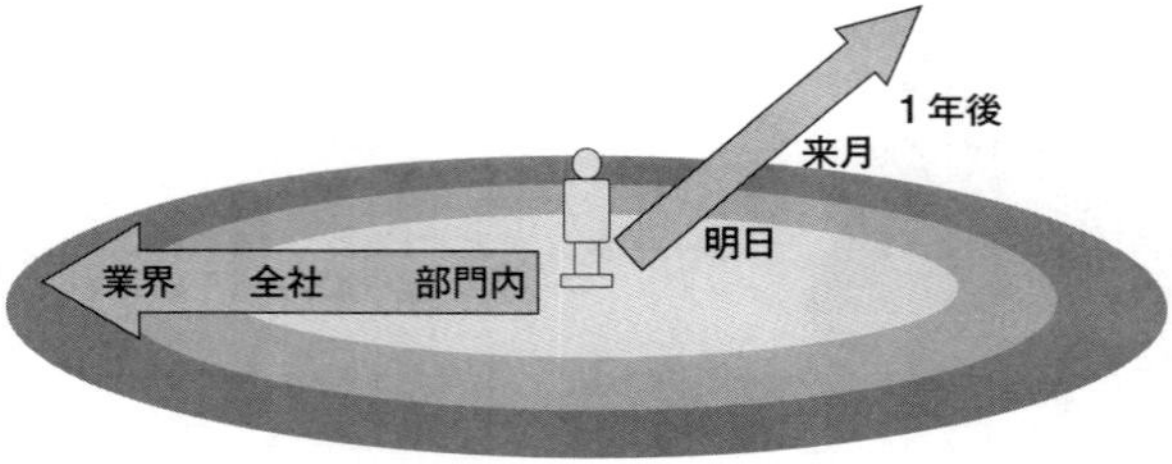

ます。組織で何かが起きた場合、営業は営業視点で、技術部門は技術視点で問題を解決しようと考えがちです。自部門の問題は解決しても他部門へ問題を押しつける、自分の庭先だけきれいにするというケースです。問題はたいていつながっていて、製品の問題は、顧客対応、製造ライン、設計など開発にもかかわってきます。

問題を解決するということは、目の前の事象に振り回されたり、安易な対症療法をとったりするのではなく、高い視座と広い視野を持つことが求められます。初めはとても難しく感じますが、「お客様の上司はどう考えるのか？」「自分が社長だったら何を求めるのか？」などと意識することで徐々に身についていく思考ですので、チャンレジしてみてください。

図表8-4　ソリューション提案書のフレームワーク

項目	内容
A. 現状とあるべき姿	現在の状態と問題がないあるべき姿（仮説）
B. 解決すべき問題	あるべき姿と現状のギャップを埋めるために解決すべき問題
C. 実現イメージ	・商品やサービスを適用して実現したイメージ ・Before/After
D. 予想効果	効果試算
E. 進め方	スケジュール、体制、予算
F. 信頼性	・事例、実績 ・自社の信頼性

〈フレームワーク〉

まず、「何があるべき状態で、今どういう状態にあるのか」（A　現状とあるべき姿）が出発点です。ここを合意しないと、その先の問題解決の話をしても、「そもそもどうしてやるのか?」ということに立ち戻ってしまいます。提案の初期段階の場合には、仮説として提示し、相手の意見を反映して作り上げていくとよいでしょう。

次は、「どんな問題を解決するのか?」（B　解決すべき問題）です。すべてを一度に変えることはできませんから、特になぜこの問題にフォーカスして解決すべきなのかを伝えます。「解決すると具体的にどうなるのか」（C　実現イメージ）は、ありありと活用イメージが想起できるものです。解決するとどれくらいよいことがあるのか（D　予想効果）は、数ある問題の中からこの問題を解決しようという優先順位を上げてもらうためのものです。できるだけ数値で示します。

次はどのように解決するのか（E 進め方）ですが、ここは提案の段階に応じて詳細にしていきます。最後は、この解決策の実行をする確信を持ってもらうための実績など（F 信頼性）です。信頼性は、商品・サービスや自社を選んでもらうために実績や事例などを提示します。

〈情報収集〉

ソリューション提案書の作成にあたっては、3C（顧客・自社・競合）の3つの観点で情報を集めます。まず、顧客の情報ですが、もっとも確実なのは、直接顧客に何が問題なのかを聞くことです。しかし、ヒヤリング能力に問題があると、せっかくの情報収集の機会をムダにしてしまいます。

以前、提案力を高めるための研修の中で、顧客へのヒヤリングのロールプレイ演習を行いました。顧客役の講師は、できるだけ業務の現状や問題点などを聞き出してほしいにもかかわらず、「〇〇業務にかかる時間は何分ですか?」「何分です」というような一問一答に終始してしまい、提案に必要な情報をほとんど聞き出せていませんでした。

ソリューション提案におけるヒヤリングでは、現状・あるべき姿・問題点という3点セットについて、事実・考え・感情と分けて情報を集めるというふうに覚えてください。3点セットについては、人によってさまざまな視点があります。事実情報はもちろんのこと、誰がどのような考えや感情を持っているのかを把握する必要があります。

例えば、「コールセンターの現在のクレーム対応は平均20分かかるとうかがっていますが、センター長はどのような意見をお持ちですか?」というように質問して、事実情報とセンター長の考えを確認していくのです。新規顧客などで接触ができない場合には、同業他社や同じ業務を調べ、問題を推測していきます。

ソリューション提案における情報収集は、どれだけ相手の情報を入手できるかにかかっています。相手を把握した上で、自社・自分は何ができるのか、競合にどう優位性を打ち出すのかという順番で考えていくからです。


〈ストーリー〉

ソリューション提案書のストーリーボードを2タイプ紹介しましょう。1つ目は「Ｗｈｙ

図表 8-5　Why ＋ What 中心ストーリーボード

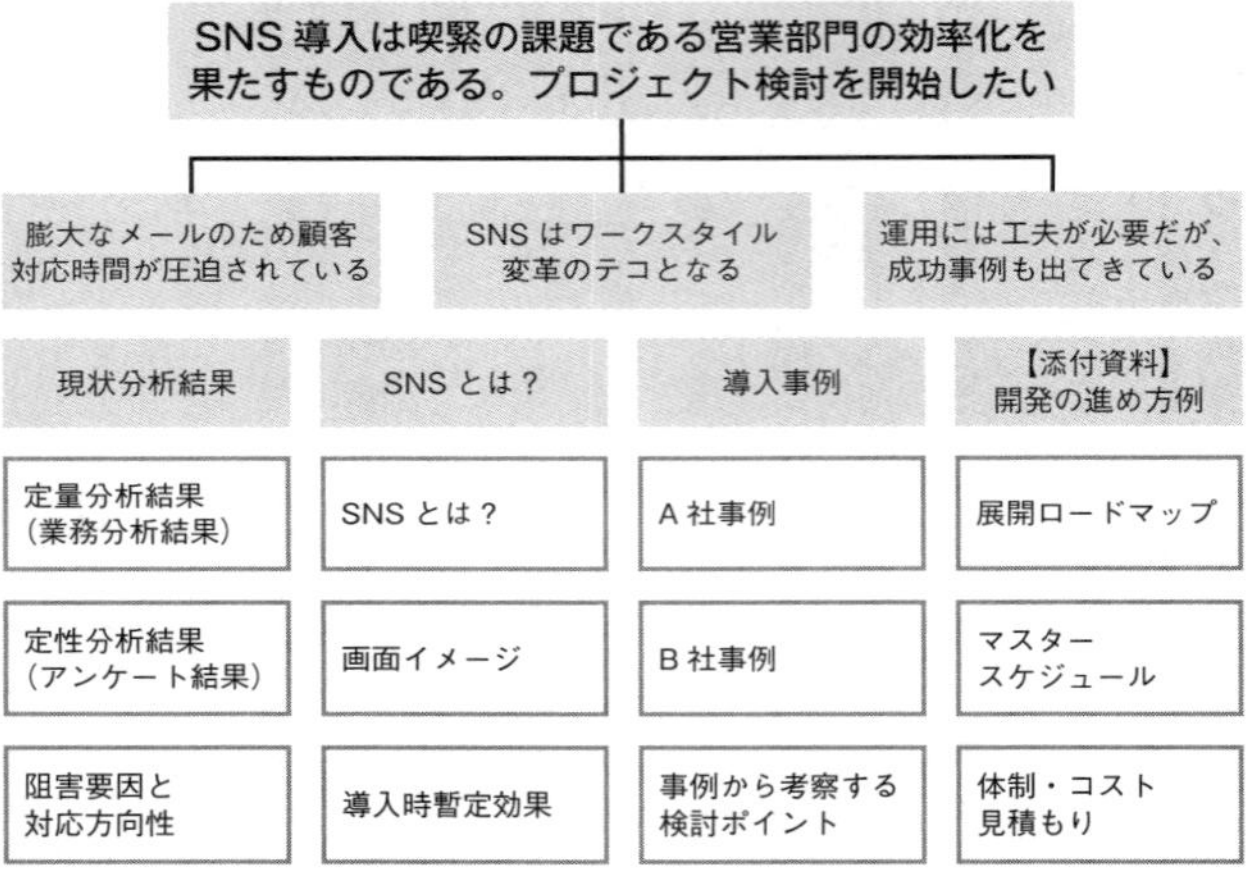

（なぜ）」と「Ｗｈａｔ（何を）」中心のボードです（図表８－５）。これは、相手が、「なぜ、この問題を解決したほうがいいか」が腹落ちしていなかったり、理解していなかったりする場合、いわば先方の危機感が希薄で現状認識が甘いという前提です。

もう１つのパターンは、「Ｗｈａｔ（何を）」と「Ｈｏｗ（どうやって）」中心のボードです（図表８－６）。こちらは、相手が危機感を持ち、「すぐに解決しなくては」と思っているのが前提です。一歩進んで、何をどのように解決するのかをメインにストーリー展開します。

このＷｈａｔ＋Ｈｏｗパターンの場合、ＩＴ系の人は展開がＨｏｗに偏り、進め方

図表8-6　What＋How中心ストーリーボード

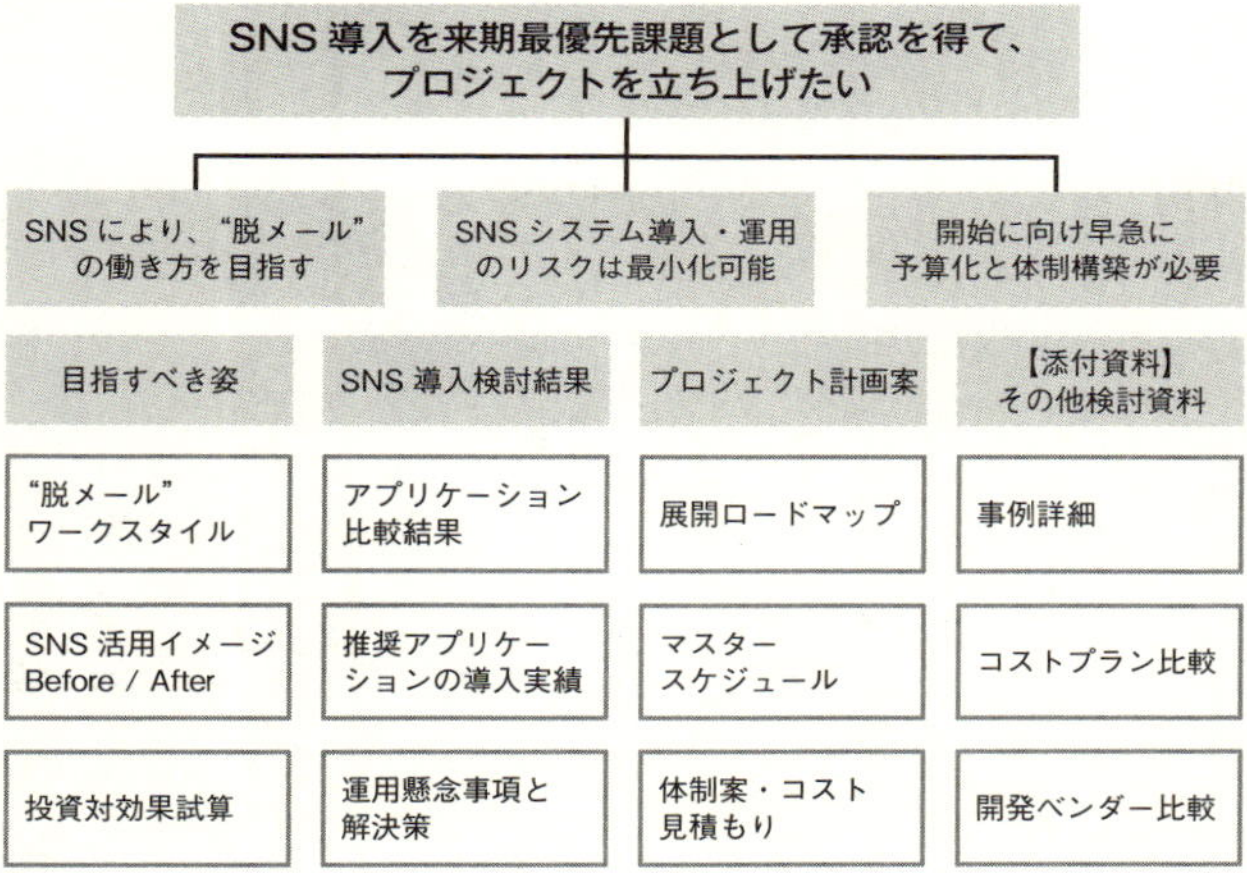

の部分が多くなる傾向が見られます。すると、相手からは、「いや、まだやると決まってないんですけれど」「やり方（How）じゃなくて、そもそも何を目指してるんでしたっけ？」とそもそも論に戻ってしまうことがあります。

相手が現状をどの程度認識しているか、ヒヤリングやプロファイリング結果を再度、吟味してください。

（表現）具体性と信頼性を訴求する

〈具体性を出すテクニック〉

ソリューション提案書では、数ある問題の中から優先順位をあげてもらい、解決に向けて一歩を踏む出す気持ちにさせることが求められます。そのためには、解決策の手段である商品・サービスが具体的にどう活用されるのかという具体性と、この商品・サービス・会社を選ぼうと思わせる信頼性を訴求します。

まず、具体性ですが、なかなか実現できないのはいくつかの思い込みが関係しています。私が具体性という意味で秀逸だと考えるのは、アップルの元CEO、故スティーブ・ジョブズ氏がiPod発表時に打ち出した「iPod。1000曲をポケットに」というメッセージです。この11文字の極めて短いメッセージは、シンプルでありながら見事に具体的に表現されています。これが以下のような表現だったら、みなさんは具体的だと認識しますか？

「今日発表するのは、ウルトラポータブルなMP3プレーヤーです。重量は185グラム、5ギガバイトのハードディスクが搭載されています」

この表現には、事実も数字も書かれています。それなのになぜ、具体的に感じられないのでしょうか？ ここに、実は陥りがちな罠があるのです。通常、事実や数字は具体的と考えられますが、実は相手にとってのリアリティがない場合には、具体的とは認識されないのです。

「5ギガバイト」は、音楽をミュージックファイル形式でよく聴いている人やコンピューターにくわしい人にとっては、何ができるのかをイメージできるリアリティのある数字かもしれませんが、まだMP3プレーヤーを使ったことがない人にとっては、何曲入るのか、どれくらいすごいことなのかが具体的にイメージできないのです。「185グラム」も同様に、「ポケットに（入る）」という誰にとっても具体的な表現で表すほうがすぐれています。

では、相手にとってのリアリティを表現する方法を紹介しましょう。1つ目は、数値を相手のリアリティに変換することです。例えば、時間は「1000時間」ではなく、「毎日3時間」という表現にします。1日における時間は、誰にとってもリアリティを持ちやすいからです。同様に、面積・距離などもなじみのあるスペースや時間に変換できます。よくある「東京ドーム何個分」という表現です。

2つ目は、特徴を相手のメリットに置き換えます。例えば、ある商品の特徴として、「史上初」「開発に5年かけた」「○○賞受賞」などを訴求ポイントとしてあげることがあります。これらの「特徴」は、相手にとってそれがどういう意味を持つのかという点で具体性に欠けています。

相手が「史上初では時期尚早？」「開発に5年？　そんなにかけたら高くなるのでは？」ととらえてしまったら、せっかくの特徴が強みではなく弱みになってしまいます。特徴は、

「それによって何ができるのか?」という相手のメリットに置き換えましょう。史上初でしたら、「初の一体型製品のため、設置場所が半分」と表現するとよいでしょう。

3つ目は、行動を特定することです。例えば、料理本に、「つやが出るまで混ぜる」と書かれていた場合、あまり料理をしたことがない人は具体的に何をすればよいのかわかりません。具体的に言うならば、「材料を入れた鍋を中火にかけ、木べらで5分ほど混ぜる。色が黄色に変わったら、弱火にして3分ほどつやがでるまで混ぜる」となります。

このように、経験が少ない人には、火加減、道具、時間、動作など詳細な行動を伝える必要があります。製品によってどのように業務が変わるのか、行動を特定することで具体的にしましょう。

また、言葉を尽くすよりも、「百聞は一見にしかず」を実践してもよいでしょう。デモ画面などがその例ですが、無機質に手順として見せるのではなく、できるだけリアルな体験形式にしましょう。例えば、店舗システムの提案なら、実現イメージを「ある顧客の1日」という形でドラマ仕立てにします。その店舗の顧客Aさんが、目が覚めてからその店とどのようにかかわるのかをドラマのように見せるのです。その登場人物を通して、まだ知らない世界を体験してもらうのです。

〈信頼性の4つのタイプ〉

次に信頼性の訴求ですが、信頼性には4つのタイプがあります。①商品・サービスそのものが持つ「内在的信頼性」、②口コミや専門家の言葉などそのもの以外から得る「外在的信頼性」、③発信者が持つ「主体的信頼性」、④メッセージを受け取る人が自分で気づく「発見型信頼性」です。1つずつ見ていきましょう。

まず、1つ目の内在的信頼性を訴求する方法はいくつかありますが、1つは象徴的な実績です。その状況に耐えたのならどこでも通用するだろう、というものがあるのが一番ですが、ない場合には、実際を超える過酷なテスト環境において、それでも問題がなかったということを示します。例えば、北極探検隊で使われた実績はまだなくても、北極よりも過酷な環境下でテストをしたところまったく問題がなかったと実証してみせるのです。

もう1つは、細かなプロセスを見せることです。細部がしっかりしていることは、強い信頼感を抱かせます。「この場合にはこうする」「ここではこのようなリスクが想定されるが、こうして回避できる」など、事細かな手順や留意点が出てくると実績があるのだと認識されます。

2つ目の外在的信頼性は、専門家や口コミなどの外部の権威を使って信頼性を高める方法が有効です。その領域の専門家のお墨付きはわかりやすい信頼性です。同様のものでは、権力者、メディアなどの発言も信頼性につながりやすいものです。また、昨今では、売る側は、「売りたいからいいことを言っているだけで、信頼できない」と思われるのを避けるため、専門家や権力者など権威的なものだけではなく、利害関係がない別の顧客や一般の人の口コミを使って外在的信頼性を高めています。

3つ目の主体的信頼性は、メッセージ発信者の信頼性です。「この人だったら、この会社だったら間違いない」という信頼を勝ち取っていれば、提案はとても通りやすくなるでしょう。そのためには「誠実さ」を訴求することが必要です。

そもそも発信者は、「売りたいからよいことしか言わない」と思われていますから、逆を行って自社にとって不利なことを隠さずに伝えると誠実だと認識されます。不祥事などが起きた場合に隠蔽《いんぺい》せずに迅速に公表することで、信頼を勝ち取ることができるのは端的な例です。提案でも、「実はこの提案はXXというリスクがあります」と誠実に自分から伝えておく場合と、相手がほかからその情報を得てしまった場合では、信頼性に大きな差が生じるため、後者の場合の信頼回復は非常に難しいものになります。不利な情報も、伝え方次第では武器になると考えて提示の仕方を検討しましょう。

最後の発見型信頼性とは、メッセージの受信者が自分で見出す信頼性のことです。疑ぐり深い人というのはどこにでもいるものですが、無闇に説得するよりも自分で納得してもらうのが一番です。製品であれば試用してもらったりするとよいでしょう。ヒヤリングの結果をもとに、その人の作業にどれだけ時間がかかっているかを見える化して伝えれば、自分のことなので納得せざるをえません。

具体性と信頼性は、提案を承認してもらう際の最後の決め手です。どのように具体的イメージを持ってもらうのか、何を信頼して承認してもらうのかを考えて、効果的に表現しましょう。

企画提案書の作り方――新しい試みを提言する

企画書は、企画業務についている人だけが書ければよいというものではありません。どんな業務でも、代替可能なものはより安価な海外などにアウトソースされてきていますし、会社も常に変化し続けないと存続が難しいと言われています。粛々と同じ業務を続けるのではなく、新しい企画や施策を考え出していかなければ、ホワイトカラーとして生き残っていくことはできません。今ほど企画力が求められている時代はないでしょう。

業務だけではなく、自身のキャリアやライフスタイルを考えるのも1つの企画です。何を目指すのか、そのために何をすべきかを描くことは、ビジネスだけではなく、人生においても必要でしょう。

〈要件〉記憶に残し、やってみたいと思わせる

企画書に求められることは2つです。「記憶に残ること」と「やってみたいと思わせること」です。簡単に聞こえますが、かなり難易度が高い要件です。

まず、記憶に残ることですが、企画で何を目指すのかが単純明快に伝わらなくてはいけません。単純明快にするためのテクニックをいくつか見ていきましょう。

まず1つ目は、一言で意図が伝わるように、優先順位を明確にすることです。優先順位というと箇条書きで重要な順に並べることだと思われるかもしれませんが、さらに突き詰めて、「XXではない。〇〇である」という、捨てるもの、すべきではないことが見えるところまで絞り込むとあいまいさが排除されます。例えば、「我々が売るのは金融商品ではなく、安心である」「マネージャーは不要だ。我々が求めているのはリーダーだ」などです。

２つ目は、ゴールを断言することです。勇気がいることですが、いつまでに何をどうするのかを明確にします。留意する点は、行動そのものではなく、達成された状態を示すということです。「～をします」ではなく、「○○という状態を実現します」とします。

アメリカの故ジョン・Ｆ・ケネディ元大統領がかかげた「我が国は、１９６０年代の終わりまでに人類を月に着陸させ、無事に帰還させる」という有名なメッセージが、「我が国の最高の技術を集結し、革新的な宇宙開発を推進します」だったら、本当に実現したかどうか疑問です。ありありと目に浮かぶ最終到達地点をかかげたからこそ、国民は賛同し、技術者も必死で開発を進め、結果イノベーションが起こったのです。

３つ目は比喩を使うことです。よい比喩は、単純には表現しにくいことを、すでに相手の頭の中にある知識を使って想像させ、理解させせます。特に、複雑な概念を単純明快に伝えたいときに効果を発揮します。

私がよく使う比喩はスポーツです。組織論や人材像などを語る際には、スポーツはとても便利です。例えば、「ビジネスゲームは野球型からサッカー型へ」という表現で、これからの組織のあり方、人材に求められる要件をすべて事細かに説明しなくても、多くの人にイメージを持ってもらうことが可能です。相手の記憶に残るよう、企画の本質を単純明快にしましょう。

企画提案書の成功は、相手が「やってみたいと自分から思うこと」です。本章は説得文書の書き方ですが、実際には、企画提案書は説得ではなく、自ら動く状態まで持っていく必要があります。そうしないと、その後の実行段階で何か問題が発生すると、「だから最初から自分は反対だったんだ」と言い出す人が出てくる可能性が高いでしょう。相手がリスクを負ってでも不退転の覚悟で自分の企画としてやると思えれば、企画提案書として成功です。

(準備) 発想を広げ論理的にまとめる

〈マインド〉

事象の根本原因を究明して改善したり解決したりする仕事において、ロジカルシンキングは有効です。しかし、ロジカルシンキングでは、やり方をよりよくする方法は考えられても、やること自体を変える新しい発想はなかなか出てきません。また、原因はよくわかっているものの、決定的な解決策が見出せない場合や、目指すべき姿が描けないという行き詰まった状況も、ロジカルシンキングだけでは新たな方向性を見出すのは難しいでしょう。ロジカルシンキングには前提となる条件があり、前提を否定しその外側へ出ていくという考え方がしにくいからです。これはロジカルシンキングの構造的な宿命とも言えます。

現代は、市場は成熟・飽和、問題は行き詰まったものが多く、昨日有効だった施策はすぐに陳腐化してしまうという環境です。求められるのは、改善よりも革新的な企画なのです。

そこで取り入れてほしい考え方が、ラテラルシンキング（水平思考）です。ラテラルシンキングは革新的な発想を生み出すための思考・発想法で、1970年、創造的教育の研究者エドワード・デボノ博士が、ロジカルシンキングの直線的な思考法に対するアンチテーゼとして生み出しました。「前提を疑う」「見方を変える」「組み合わせる」という3つの考え方から成り立ちます。

まず「前提を疑う」ですが、ロジカルシンキングでは、「営業の業務効率化を検討してほしい」と言われたら、その前提で今何が問題で、どう解決すべきかを考えていきます。一方、ラテラルシンキングでは、「効率化が本当に必要なのか？」「そもそも営業はなくてはいけない機能なのか？」というところまで立ち返って考えます。そのため、出てくる企画も革新的なものになる可能性が高いのです。

次の「見方を変える」方法はいくつかあります。代表的なのは、ブレインストーミングを考案したオズボーン氏の視点の切り替えリスト「ＳＣＡＭＰＥＲ」です。リストに従って、

図表 8-7　オズボーンの視点切り替えリスト「SCAMPER」

オズボーンのチェックリストは、頭文字をとってSCAMPER法とも呼ばれている。視点の切り替えリストに従って発想する。ゼロベースよりも、既存アイデアの改善策・打開策を考えるのに向いている。

・Substitute	：代用してみたら？
・Combine	：組み合わせてみたら？
・Adapt	：応用／適用してみたら？
・Modify	：変形／修正してみたら？
・Put	：置き換えてみたら？
・Eliminate	：削除してみたら？
・Rearrange	：再調整してみたら？

48に細分化されたリストもある（下記サイトを参照）
http://bizmakoto.jp/bizid/articles/0804/15/news007_2.html

視点を切り替えて発想を広げていきます。

例えば、営業部員の担当顧客を検討する場合、「ルーティーンのオーダーしかないお客様は営業アシスタントに代行させてみたら？」（代用）、「発注をWebで受け付けたら？」（適用）、「取引頻度の少ない顧客を中心に担当するラウンダーチームを作ってみたら？」（再調整）といったアイデアが考えられます。

見方を変える方法の2つ目は、検討テーマを「逆から考えてみる」というものです。あるとき、フォードが、先に紹介したデボノ博士に「フォード車をもっと売るにはどうすればいいか？」と相談に来たところ、デボノ博士は「その問題は逆に考えなさい。どうしたらフォードの顧客にとってもっと快適にフォード車に乗ることができるのか？　を考えるのです」と答えました。

この見方を徹底して考えたところ、「車はほしいが、街に駐車場が少ないから買っても不便」という潜在顧客の声が多いことが判明しました。そこで、駐車場ビジネスを企画実施したところ、フォード車の売上増につながったのです。このような発想で考えないと、販促企画などに終始し、小粒で場当たり的な企画になってしまいます。

3つ目の「組み合わせる」は、既存のものの組み合わせで新しいことを考え出すという考え方で、「ランダムカード」という方法があります。革新的なサービスを世に提供しているある経営者の方は、発想力を鍛えるために、2つの言葉を新聞からランダムに選択して新しい商品やサービスを考えることを毎朝の日課にしています。

「まったく関係がない」と否定してしまうのではなく、組み合わせると何が起こるのか、片方で当たり前のことを他方に適用するとどうなるのか、などひたすら考えるのです。また、出てきたアイデアをすぐに「そんなの実現不可能」と否定するのではなく、どうやったらそのエッセンスを活かした企画にできるのかを検討します。

例えば、ランダムカードで「オバマ大統領」と「新製品発表会」という言葉が出てきたときに、「オバマ大統領に自社セミナーで演説してもらったらいいな」という考えが出たとします。すぐにそんなの無理だと否定してしまうのではなく、「オバマ大統領の関係者だったら可能では？」「事前取材でコメントをもらうのは？」「今までの演説から名言をピックアップして編集して使うのは？」など、実現可能なものに落とし込んでいくのです。

企画書は、ラテラルシンキングで発想を広げ、ロジカルシンキングに戻って実現可能な企画にし、相手が理解できるよう論理的に構成していくことが求められます。ロジカルシンキングとラテラルシンキングを組み合せて考えるマインドが必要なのです。

〈フレームワーク〉

企画提案書のフレームワークは、まず「何を目指すのか」（A 企画全体像）が出発点です。どれだけ魅力的に企画を表現できるかというもっとも重要な部分です。次は、「具体的にはどうなるのか？」（B 企画概要）です。実現された状態をできるだけ具体的に表現します。ソリューション提案書のように、ビフォー／アフターで表現してもよいでしょう。「どうやるのか？」（C 進め方）では、スケジュール、体制、予算など企画を進めるための計画を提示します。「どれくらいよいことがあるのか？」（D 予想効果）は、できるだけ数値化して見せます。最後は、新しい取り組みにはさまざまなリスクや抵抗勢力が考えられますので、何がリスクとして想定され、どう対応するのか（E 想定リスクと対応策）で締め

図表8-8　企画提案書のフレームワーク

項目	内容
A. 企画全体像	目指すべき姿、コンセプト
B. 企画概要	企画が実現された具体的なイメージ
C. 進め方	スケジュール、体制、予算
D. 予想効果	効果試算
E. 想定リスクと対応策	想定される事態とその対応案

ます。

〈情報収集〉

企画における情報収集は、企画を魅力的に思わせるために、相手の感情に訴求する材料を集めましょう。自分にとって負担がかかりリスクがあることでも、チャレンジしたいと思わせるような魅力的な企画だと思われなくてはなりません。

そのためには、相手のどのような感情に訴求するのかを考えて情報収集をします。人が持つ感情にどのようなものがあるのかを知るために、感情研究家ロバート・プルチック氏による感情分類を紹介します。感情とは、8つの基本感情と、それらが2つずつ混ざり合った8つの混合感情からなっています。

基本感情は、喜びから予期までの8つの感情です。喜びへは、どれだけよいことがあるのかというメリットを訴求します。悲しみへの訴求は、悲惨な現状を生々しく表していくという例が典型

図表 8-9　感情研究家ロバート・プルチック氏による感情分類

的でしょう。信頼は、ソリューション提案書のところで前述した4つの信頼性で訴求していきます。嫌悪への訴求は、「ああはなりたくない」という気持ちを抱かせることです。嫌悪がさらに自分の身にかかることとして強まると、恐れという感情になります。恐れという感情に訴求した商品は、保険や健康食品などが典型的でしょう。

怒りは、ビジネス上では、対ヒトに対してというよりも、対コトに対して、あるべき姿とのギャップに対して感じるよう訴求したほうがよいでしょう。予期はいわゆる「想定どおり」ですので、あまり訴求ポイントにすることはありませんが、変化を好まない人や会社に対しては、ある意味安心感につながる感情訴求とも言えます。

驚きは、相手の想定を超える意外性のあるメッセージやストーリーで訴求していきます。混合感情は、例えば愛でわかりやすいのは愛社心でしょう。会社への信頼とそこに所属することへの喜びの感情に訴求していきます。

これらの感情を刺激するにはどうしたらよいでしょうか？　あなたは「悲しい気持ちになってください」と言われたらどうしますか？　「急にそんなこと言われても……」と思った方と悲しい気持ちになれた方がいると思います。

悲しい気持ちになった人は、具体的には何をしましたか？　おそらく、過去にあった悲しいことを思い出したり、もし自分の大切な人がいなくなったら……というふうに悲しいことを考えたりした人が多いと思います。つまり、感情をコントロールするために、何かを考えたわけです。すなわち、「思考によって感情はコントロールされる」ということです。

感情をコントロールする思考には、２つのパターンがあります。それは「想像と想起」です。「想像」とはまだ体験していないことを考えること、「想起」は過去に体験したことを思い出すことです。つまり、未来や過去を考えさせることによって、感情をコントロールするのです。
想像させるためには、「考えてみてください」という枕詞《まくらことば》をつけるのが有効です。
「考えてみてください。この取り組みで、子どもたちの笑顔が取り戻せる日のことを」（喜びの想像）
「考えてみてください。今ここにある在庫の山は、1カ月後にはなくなっているのです」（楽天の想像）
「このような状態が続いたら、3年後にはどうなってしまうのでしょうか」（恐怖の想像）
想像と同様に、想起は「思い出してみてください」という形で過去を考えさせることで、感情をコントロールします。
また、過去の感情と結びついた「刺激」も有効です。音楽、画像、色、香りなど過去体験の関連づけにより刺激されることで、当時の感情がありありと蘇ってきた経験があると思います。最近では動画を見せることもでき、さらに複合的・効果的な感情訴求が可能です。想像や想起をうながす、魅力的な情報をたくさん集めていきましょう。

図表8-10　4つの不のステージ

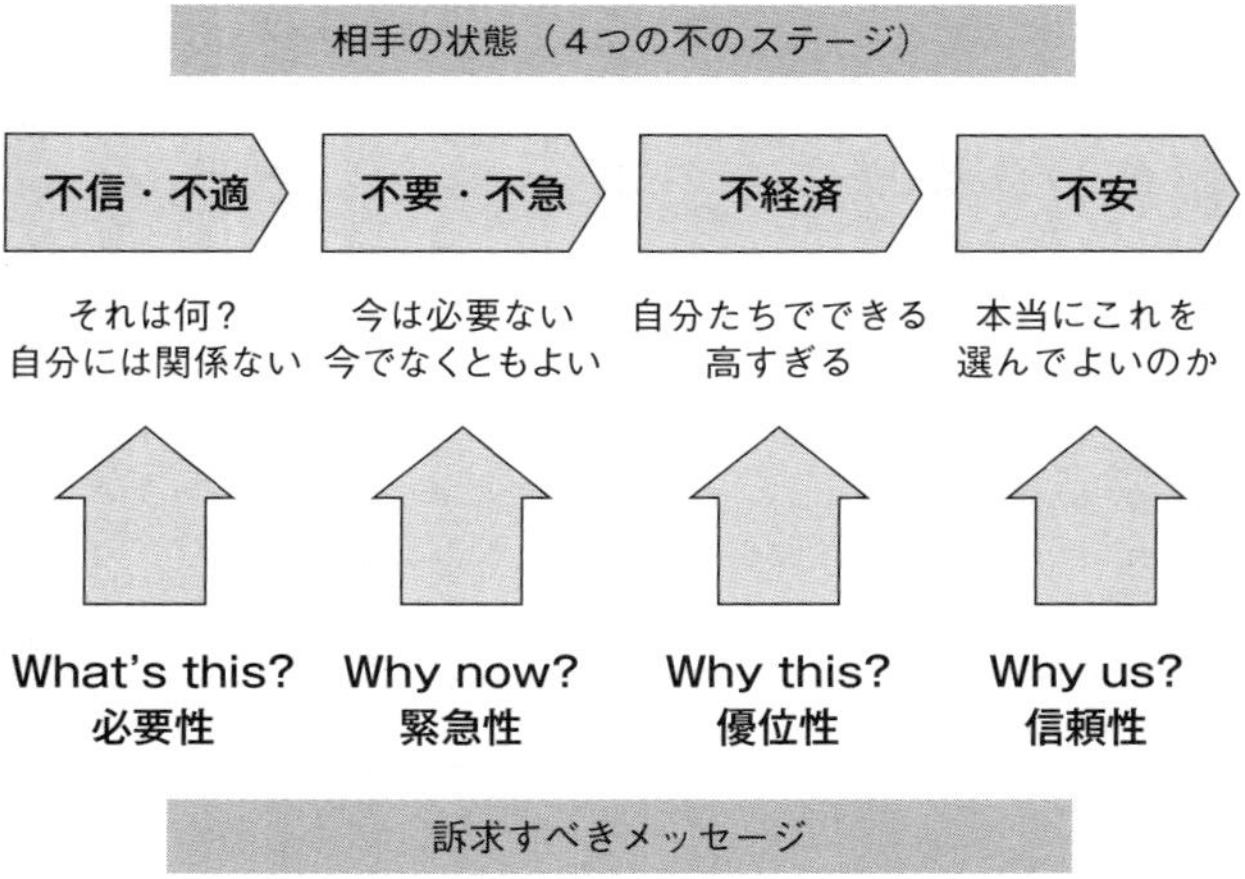

〈ストーリー〉

企画提案書のストーリーにおいて、どこに重点を置くべきかを考えるにあたり、「4つの不のステージ」を紹介します。提案を受ける相手の状態を4つのステージとして、各ステージで何を訴求するかを考えるためのものです。

初めは企画内容を認知していない「不信・不適」ステージです。ここではそもそも何を提案しているのかが理解されていない状態ですので、目指すべき姿や企画の全体像に力点を置きます。

次は、「企画の内容はわかったけど、今はほかにやるべきことがあって忙しい」という「不要・不急」ステージです。ここでは、優先順位を上げてもらうために、「なぜ今やらなくてはいけないのか?」という緊急性に力点を置きます。他社がすでに実施しているなどの危機感をあおる情報で訴求します。

緊急性を理解されたあとのステージは、「わかったけど高い」、または「あるものでよい」「自分でできるのでは?」という経済性を問われる「不経済」というステージです。企画の効果や競合比較など差異化を打ち出したメッセージをストーリーの重点として配置します。社内企画でも予算化に苦労することは多いでしょう。この経済性のステージをクリアするのは年々難しくなってきています。

最後は、さまざまな選択肢がある中で、本当にこの企画で間違いないのかという「不安」を払拭するステージです。ここでは、自身や自社の実績や信頼性がメッセージの中核になってきます。

これらのステージを意識し、どの「Ｗｈｙ?」に答えるべきかをプロファイリングをもとに徹底的に考えましょう。

〈表現〉新しい概念を図で示す

企画提案書では、新しいコンセプトや目指すべき姿を図で表現することが多いでしょう。

図は数値以外の定性的な情報や概念を整理して表現するのにもっとも適した方法ですが、そもそも図とは何でしょうか？　図とは、「概念の構成要素を抽出して形にし、その関係性を示したもの」です。

概念の構成要素を抽出したものですから、テキストの横に描かれているイラストやイメージ画像は図ではありません。また、構成要素が抽出されていたとしても「関係性を表現したもの」でなければ、図にはあたりません。箇条書きで３つの要素をピックアップしても、それを単に並べただけならば、まだ図とは言えないでしょう。その３つを、例えば三角形で階層にして表現したり、あるいは３つの四角を左から右へ並べて矢印で手順を表したりして、何らかの関係性を表現すると、それは図と言えます。概念を構成要素の形と配置で表現する図は、複雑なものを極めて単純明快にして伝えることができるすぐれた表現方法なのです。

では、図を作成する基本アプローチを紹介します。図の作成手順は、「体系化」「表現要素の抽出・定義」「関係性設定」「作成」という４つのステップです。

ステップ１の「体系化」では、「メインメッセージは何？」「サブメッセージは？」「キーコンセプトは？」「主要なキーワードは？」といった内容が明らかになるよう情報を体系化します。具体的には、ピラミッドで体系化します。

ステップ2では、ピラミッドでまとめたメッセージや情報をそのまま図にしてしまうと、長方形の中に長文が入るなど見づらい図になってしまうので、簡潔に表現するため、「表現要素の抽出・定義」を行います。まず、メインメッセージ、サブメッセージをもとに、キーワードの抽出を行います。

また、「アナロジー化」と言って、必要に応じて、キーワードを類似の特徴を持つ別の言葉で定義づけます。平たく言うと、比喩を考えるということです。メッセージを端的に表現するのにぴったりのキーワードは何か、何にたとえたらわかりやすくなるかを考え、なるべく短くやさしい表現要素を抽出・定義するようにします。

次にステップ3で、「関係性設定」を行います。例えば、キーワードはすべて同列なのか、あるいは何らかの序列があるのか、時系列で並べるのか、などさまざまな角度から関係性を考えていくのです。関係性を考える場合、意識するのが「ユニット」です。ユニットとは、「意味のあるまとまり」のことを言います。このユニットがいくつになるのかを決めます。ユニットを洗い出す作業は構造化に等しく、覚えやすさやレベル感の統一が重要になります。

典型的なユニットは、2～4つです。2つのユニットは、主に、並列・均衡、対立・比

図表8-11　図を作成する４つのステップ

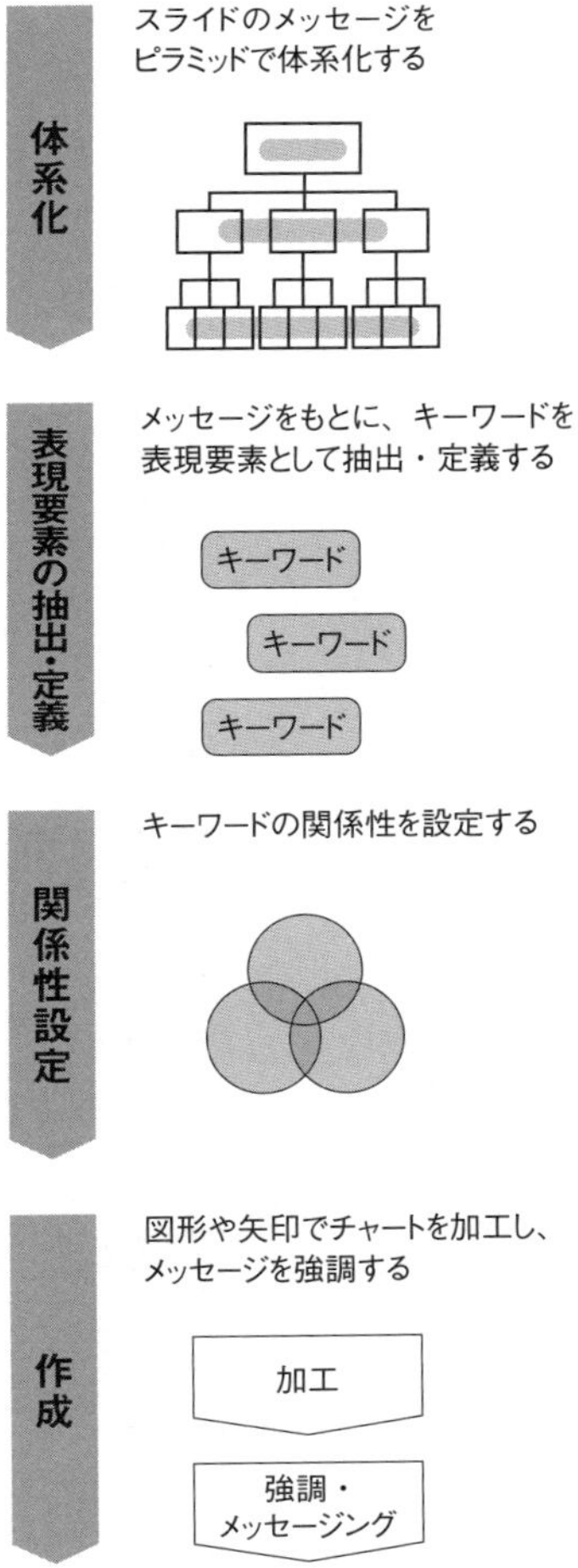
体系化
スライドのメッセージを
ピラミッドで体系化する
表現要素の抽出・定義
メッセージをもとに、キーワードを
表現要素として抽出・定義する
キーワード
キーワード
キーワード
関係性設定
キーワードの関係性を設定する
作成
図形や矢印でチャートを加工し、
メッセージを強調する
加工
強調・
メッセージング

較、二者択一などを表します。3つのユニットは、調和や三角関係、三段論法などを表します。4つのユニットは、均整・均等、分裂、起承転結などを表します。

ユニットを洗い出したら、関係性のパターンとしてどれを用いたら適切かを考えます。関係性のパターンは、大きく3つ、「相関」「流動」「構造」に分かれます。相関はある一時点での状態を表し、流動は物事の変化を表し、構造は階層などタテの関係を表します。

抽出したユニットを、どの関係性で示すのかを決めましょう。グラフと同様、表現したい情報が複雑になると、2つの関係性を組み合わせることもあります。各関係性を活用した図の例を後述しますが、多くのすぐれた図をどの関係性を使って作成しているのかという観点で分析しながら見ると、図解の能力が高まります。

ここまでは手描きでやることをおすすめします。パワーポイントを使っても、丸がいいか楕円《だえん》がよいかなど本質的でないところで引っかかってしまいがちなため、まずはノートや紙上でいろいろ書いてみるとよいと思います。

最後のステップ4で、ようやく「作成」です。表現要素の内容によって、用いる形がある程度決まります。

例えば、「プロセス」のような具体性の高い概念や「会社」のような実存する組織は、通

図表 8-12　関係性設定

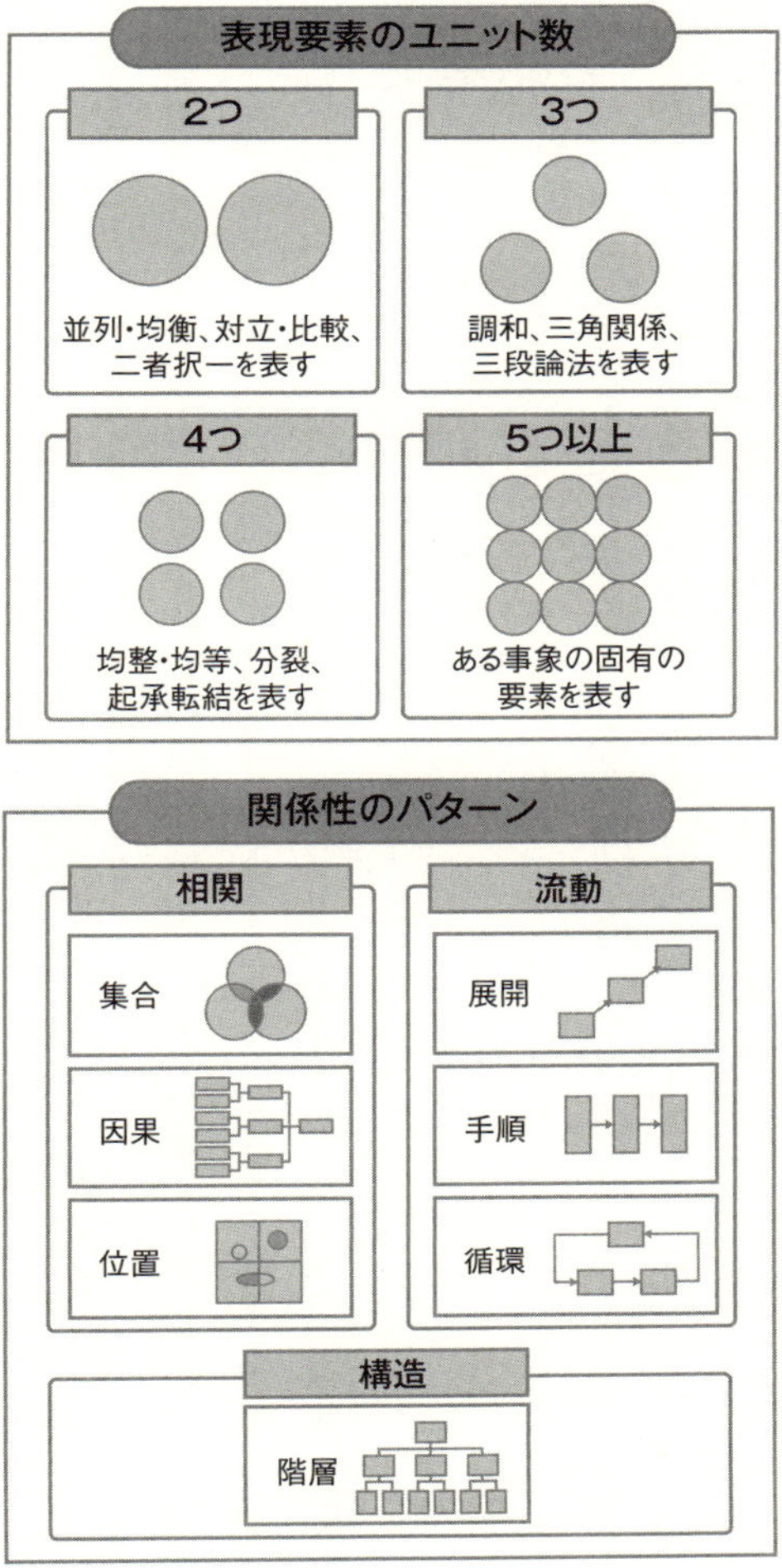
表現要素のユニット数
2つ
並列・均衡、対立・比較、二者択一を表す
3つ
調和、三角関係、三段論法を表す
4つ
均整・均等、分裂、起承転結を表す
5つ以上
ある事象の固有の要素を表す
関係性のパターン
相関
集合
因果
位置
流動
展開
手順
循環
構造
階層

常長方形で表します。「価値観」のような抽象的な概念や「顧客」や「市場」といった概念的な集合の場合は、長方形より楕円形を選びます。三角形は、上下関係やヒエラルキーがあるものによく用いられます。ドラム形は、インフラや土台、基盤、データベース、箱矢印はステップやプロセスの表現によく用いられます。

矢印や線の使い方も、図形と同様、一定のルールがあります。細かく見ていくと、白抜きの面矢印は、ビフォー/アフターのように変化の前後を表すような場合によく用いられます。同じ面矢印でも黒塗りにすると、「AがBに影響を及ぼします」といった因果関係を表す場合に使われます。三角矢印は、四角を並べて、その間をつないで、単純作業のプロセスを表現する場合に用いられます。

線は、形と形を結んで関係性を示しますが、実線で結ぶ場合は実質的/継続的な関係、点線は部分的/一時的な関係を示します。矢印や線の場合は、実際にはそこまで意識して使われていないことも多く、一概にこうでなければならないというものではありませんが、このようなルールがあることは覚えておくとよいでしょう。

図で表現することは一見感覚的に思えますが、実はロジカルに考えられていないと作成できません。絵心といったセンスの問題ではなく、要素を体系化し、図形と配置で表現すると

図表8-13　形と矢印・線の特徴

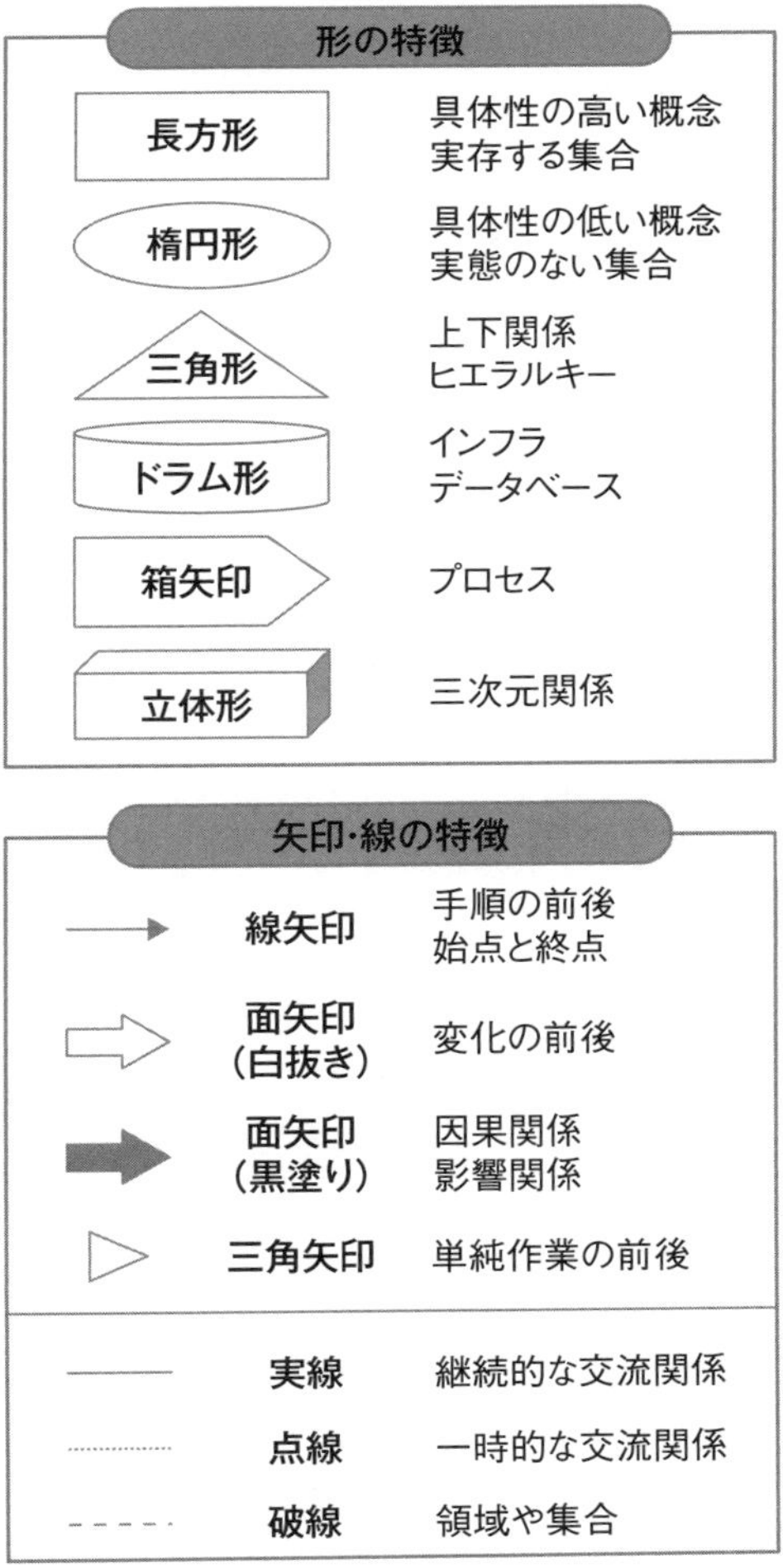

形	特徴
長方形	具体性の高い概念／実存する集合
楕円形	具体性の低い概念／実態のない集合
三角形	上下関係／ヒエラルキー
ドラム形	インフラ／データベース
箱矢印	プロセス
立体形	三次元関係

記号	名称	特徴
→	線矢印	手順の前後／始点と終点
⇨	面矢印（白抜き）	変化の前後
⇨	面矢印（黒塗り）	因果関係／影響関係
▷	三角矢印	単純作業の前後
──	実線	継続的な交流関係
………	点線	一時的な交流関係
----	破線	領域や集合

いうロジカルライティングの総仕上げと考えてください。

図はたくさんのものを見て、何がわかりやすく何がわかりにくいのかを分析し、自分でたくさん作成することで上達します。

おわりに

たいていのホワイトカラーのビジネスパーソンが大学卒であることを考えると、筋道の通った文書を作成する能力がないというのは不思議なことに思えます。

私はコンサルタントやシステムエンジニアの人材育成部門の責任者として長年新人教育にたずさわってきましたが、多くの時間をロジカル・シンキング、資料作成、プレゼンテーションなどコミュニケーションスキルの研修に費やしました。

しかし、これは日本以外の国ではなかなかないことだと、常に他国の人材育成責任者から指摘されてきました。外国では、大卒の新入社員は各業務に必要な専門スキルの研修を受けたらすぐに現場に配属するのがふつうで、基礎的なコミュニケーションスキルの研修に多くの時間をかけないというのです。日本でそれをやった場合には、現場から「議事録くらい書けるようにしてから現場に出してくれ」とクレームが来ます。

この一因として、日本がハイコンテクスト文化であるということがあげられます。コンテクストとは、「共通の言語・知識・体験・価値観・嗜好《しこう》性」のことです。ハイコンテクスト文化とはコンテクストの共有性が高い文化のことで、伝える努力やスキルがなくても、お互いに相手の意図を察し合うことで、なんとなく通じてしまう環境のことです。

逆にローコンテクスト文化では、共有するコンテクストがないため、あくまでも言語に頼った明確な意思疎通を図ります。このため、コミュニケーションに関する諸能力（論理的思考力、表現力、説明能力）が必然的に高くなるわけです。

グローバルなビジネス環境は、究極のローコンテクスト社会です。また、国内を考えても、世代間で共有できるコンテクストはますます少なくなり、同世代でも価値観の多様性が進み、ハイコンテクストを前提としたコミュニケーションが成立する範囲は狭まってきています。

ローコンテクスト社会の中で武器になるのは、やはり論理的に物事を伝える力です。論理的に考え表現することができなければ、英語が話せてもコミュニケーションが成立しないでしょう。

英語以前に、どんな相手に対しても伝えるべきことを伝えられるスキルはますます重要性を増しています。本書がコミュニケーションスキルの向上の一助となり、皆様の活躍を後押しするものになることを心から願います。

著者略歴
清水久三子（しみず・くみこ）
& create（アンド・クリエイト）代表
1969年、埼玉県生まれ。お茶の水女子大学卒業。大手アパレル企業を経て、98年にプライスウォーターハウス・コンサルティング（現IBM）入社。新規事業戦略立案・展開支援、コンサルタント育成強化、プロフェッショナル人材制度設計・導入、人材開発戦略・実行支援などのプロジェクトをリードし、企業変革戦略コンサルティングチームのリーダー、IBM研修部門リーダーを経て、2013年独立。
著書に『プロの学び力』『プロの課題設定力』『プロの資料作成力』（いずれも東洋経済新報社）、『外資系コンサルタントのインパクト図解術』（中経出版）がある。

日経文庫1295
ロジカル・ライティング

2013年10月15日　1版1刷

著　者　清水久三子
発行者　斎田久夫
発行所　日本経済新聞出版社

http://www.nikkeibook.com/
東京都千代田区大手町1-3-7　郵便番号100-8066
電話　(03) 3270-0251（代）

組版　タクトシステム
印刷　広研印刷・製本　大進堂

ISBN978-4-532-11295-0